TRANSHUMANISMO, UN TIPO DE POSTHUMANISMO

ENSAYOS SOBRE TRANSHUMANISMO Y EL DEBATE BIOÉTICO ACERCA DEL MEJORAMIENTO HUMANO

TRANSHUMANISMO, UN TIPO DE POSTHUMANISMO

ENSAYOS SOBRE TRANSHUMANISMO Y EL DEBATE BIOÉTICO ACERCA DEL MEJORAMIENTO HUMANO

MANUEL A. CRESPO RODRÍGUEZ

PRIMERA EDICIÓN
2019

Transhumanismo, un tipo de posthumanismo:
Ensayos sobre transhumanismo y el debate bioético
acerca del mejoramiento humano

Primera edición, 2019
Reimpresión, 2022

Autor: Manuel A. Crespo Rodríguez

Diseño de portada, gráficos e ilustraciones son originales
de Manuel A. Crespo Rodríguez

ISBN: 978-1-0709-2610-0

ediciesalejandro@outlook.com

Dedicado a mi padre Manuel A. Crespo Cuevas, mi madre Claribel Rodríguez Rosado y mi hermana Michelle M. Crespo Rodríguez.

TABLA DE CONTENIDO

ILUSTRACIONES

TABLAS

PRÓLOGO

Este libro es la culminación de varios años de esfuerzo en entender la ideología transhumanista, el futurismo y otros asuntos sobre el *mejoramiento humano* y el futuro devenir de la historia humana. El primer ensayo desarrollado aquí es una versión modificada de lo que otrora fue mi tesis de maestría en sociología (Crespo Rodríguez 2018b). Algunos ensayos son expansiones de publicaciones hechas en mi blog *Manuel Alejandro Crespo Rodríguez: Blog oficial de análisis y reseñas* (Crespo Rodríguez 2017a; 2017b) y el blog *Antropología en Puerto Rico* de mi colega y amigo Jonathan Meléndez (Crespo Rodríguez 2017c; 2017d). Otros ensayos no publicados hasta ahora fueron escritos entre 2015 y 2019, los cuales fueron depurados y expandidos a la versión aquí expuesta.

Este texto también se destaca por meterse muy a fondo en el arte de *predecir* (o, puesto de mejor forma, en el estudio de quienes *predicen*), no en el común arte de las ciencias sociales y las humanidades y su arte de *posdecir*. No pretendo hacer aquí la adivinación de la historia futura (esto ya sería caer en la infame postura de la pseudociencia), pero si seguimos una idea encontrada en *Tlön, Uqbar, Orbis Tertius*, del argentino Jorge Luis Borges, y partimos de la premisa de que el pasado es recuerdo presente y el futuro es esperanza presente—siendo el presente indefinido—, el asunto aparentemente místico de hablar sobre el desarrollo futuro de la cultura y el poder de la ideología transhumanista para crear un futuro posthumano se desvanece, pues si el pasado y el futuro son atisbos del presente, entonces los actos y actores presentes son los que se deben estudiar.

Y si en nuestro presente, siempre indefinido, se sigue debatiendo los riesgos existenciales de la inteligencia artificial como si se hablaran de armas nucleares y de la bioética como un pulseo político entre posturas ideológicas, entonces no debe ser místico ni extraño que inclusive, desde la periferia caribeña, se escriba sobre esta temática poco debatida, pero cuyo ideario permea cada vez más nuestra infraestructura de las telecomunicaciones, la política y los avances médicos.

Después de todo, la sociología tuvo su origen en la postura antihistórica de tratar de dilucidar el devenir, todo esto desde una jerarquización de las ciencias al modo positivista. Aunque ahora ya no existe el antropocentrismo recalcitrante de antaño, y aunque ya se acepta el paradigma de complejidad y la indeterminación como parte de nuestro ideario científico, el móvil y epifenómeno de la sociología (que es el estudio de grupos, instituciones y la sociedad) no ha cambiado demasiado: ser capaces de entender el devenir de los procesos sociales y así saber su posible impacto cultural, social y político.

Manuel A. Crespo Rodríguez
Hatillo, Puerto Rico, mayo de 2019

PREFACIO

Este pequeño libro tiene como propósito dos asuntos. En primer lugar, exponer mis reflexiones sobre el transhumanismo, que es un tipo de posthumanismo muy en boga en las últimas décadas. Aunque se puede trazar sus orígenes desde el futurismo de los años sesenta y setenta, como ideología y filosofía comenzó su auge en los años noventa del siglo pasado. Mayormente su influencia se observa en países o potencias desarrolladas de corte tecnocrático en Europa, Estados Unidos y China (siendo los primeros pertenecientes a tradiciones de libre mercado, el segundo de un capitalismo de estado). Estos análisis muy míos, los cuales son, si se puede poner de esta manera, desde la periferia puertorriqueña, intentan dar atisbos y sentidos a estas nuevas corrientes intelectuales de orientación instrumentalista, probabilista, de informática y orientada a las tecnologías de vanguardia. Todo esto está orientado también hacia una nueva visión de lo humano e insertado en el debate del *mejoramiento humano.*[1]

---

[1] Este concepto queda parcialmente traducido del inglés *human enhancement.* Esta traducción que he hecho al español del concepto queda, según mis estimaciones, más cerca del significado original. En mi tesis para la culminación de grado de maestría en sociología utilicé la traducción *perfeccionamiento humano* (Crespo Rodríguez 2018b), pero según More y Vita-More (2013) esta concepción puede llamar al error: «The frequency with which critics talk of transhumanists as wanting to "perfect"

Cabe destacar aquí que es raro ver el seguimiento de este tipo de debates en Hispanoamérica, dado a que usualmente, quienes están conscientes o parcialmente conscientes sobre este tipo de debates, también pertenecen a grupos sociales o

---

human beings or to achieve a state of perfection or to bring about a utopian society suggests that they haven't actually read much transhumanist literature. More likely, they read it with cognitive blinders on, distorting what they read to fit their preconceptions. For instance, Don Ihde (in Hansell and Grassie 2011) characterizes transhumanists as looking forward to a future posthuman world that would be a utopia. (He labels this purported goal "The Idol of Paradise.") This criticism, and the others like it, confuse the goal of continual improvement or enhancement with the longing for a state of final perfection. These are actually radically different. The former is essentially a process of perpetual change whereas the latter is a state of stasis.» (More y Vita-More 2013: Kindle Locations 1084-1090).

Mi traducción: «La frecuencia con que los críticos hablan de los transhumanistas como queriendo "perfeccionar" a los seres humanos o para lograr un estado de perfección o para crear una sociedad utópica sugiere que en realidad no han leído mucha literatura transhumanista. Lo más probable es que lo lean con anteojeras cognitivos, distorsionando lo que leen para que se ajuste a sus ideas preconcebidas. Por ejemplo, Don Ihde (en Hansell y Grassie 2011) caracteriza a los transhumanistas como que esperan un futuro mundo posthumano que sería una utopía. (Él etiqueta esta supuesta meta como "El ídolo del Paraíso".) Esta crítica, y otras similares, confunden la meta de la mejora continua o la mejora con el anhelo de un estado de perfección final. Estos son en realidad radicalmente diferentes. El primero es esencialmente un proceso de cambio perpetuo, mientras que el segundo es un estado de estancamiento.»

Por lo tanto, he mantenido durante el curso de este libro el uso de la traducción *mejoramiento humano*.

subculturas de trasfondo global, ya sea una subcultura *geek* o *nerd* (sobre esto se entrará a fondo más tarde en el texto). También es importante señalar que he visto un poco de demanda sobre este tipo de análisis sociológico en áreas de estudio que son distintas, pero más abarcadoras, como la teología y la filosofía de la mente.

En segundo lugar, dar exposición sociológica en forma hispanoparlante a una forma de posthumanismo poco estudiada en la academia. Es por este motivo que se verá mayor silencio de lo que se conoce como posthumanismo habitualmente (que tiene que ver más bien con el ideario postmodernista) y mayor exposición conceptual de lo que es el transhumanismo. Este libro comenzó precisamente como un ejercicio para diferenciar lo que es el posthumanismo (demasiado conocido en la academia) y el transhumanismo (poco conocido en la academia) y así se evita la confusión entre lo que es un asunto y el otro. El tipo de sociología aquí tratada se puede denominar *sociología del futurismo*.[1]

Este pequeño libro contiene en sí varios ensayos con la temática común del transhumanismo. El lector podrá elegir leer los ensayos en el orden que quiera, puesto que no hay

---

[1] De la misma manera que existe *sociología de la religión* o *sociología del trabajo*, aquí nos dedicamos a una sociología direccionada al análisis del futuro y su planificación por parte de instituciones, grupos sociales, movimientos sociales y la sociedad. Para este tipo de estudio me hago valer tanto de los valores y mitos que se circulan en la cultura popular como los idearios dentro de grupos sociales.

un orden acumulativo o secuencial entre uno y otro, excepto del cuál yo he querido disponer por mi preferencia para que quede enmarcado en este libro, el producto final. Antes de demarcar a modo de esbozo los ensayos aquí vertidos, es importante señalar que hay tres tipos de análisis aquí: el de tipo sociológico, el de tipo artístico y el de tipo filosófico. Los de tipo sociológico tienen el mayor rigor teórico; los de análisis artístico hacen reseña tanto de filmes como series y novelas, las cuales tienen alguna inclinación hacia el transhumanismo (o por lo menos una ambigüedad de lo humano); los de tipo filosófico tienen el mayor rigor de dilucidación metafísica, epistemológica y ética. En las tres partes de por sí hay los tres tipos de análisis, pero cada una se destaca por tener más de uno que de los otros dos.

Como parte del marco teórico a lo largo de todo el texto se utilizan los conceptos ideados por Ray Kurzweil (1992; 1999; 2001; 2006; 2009), James Hughes (2002; 2004), Hugo de Garis (2005), Nick Bostrom (2002; 2003a; 2003b; 2014), More y Vita-More (2013) para exponer la postura transhumanista. También se muestra las posturas en contra del transhumanismo como la de Francis Fukuyama (1992; 2003; 2004), David Livingstone (2015) y John Zerzan (anarquista primitivista). Para exponer el debate a fondo se utilizan textos como *H+/-: Transhumanism and Its Critics* y *Transhumanism and Society: The Social Debate over Human Enhancement*, los cuales revelan argumentos a favor y en contra del transhumanismo. Son importantes conceptos tales como transhumanismo, posthumanismo, singularidad tecnológica, ley de rendimientos acelerados, bioética, ciudadano y persona. Algunas definiciones se encuentran en los trabajos de personas transhumanistas, al igual que en diccionarios, enciclopedias o colecciones de ensayos como *Trascendence: The Disinformation Encyclopedia for Transhumanism and the Singularity* y *The Transhumanist Reader: Classical and Contemporary Essays on the Science, Technology, and Philosophy of the Human Future.* También se utilizan los análisis de Peter Sloterdijk (2006; 2012), Francisca Ferrando (2013), Donna Haraway (1991) y Rosi Braidotti (2013). También, en cuanto a análisis mitológico y arquetípico, se utiliza a Mircea Eliade (1978; 1982; 1988), Émile Durkheim (1964), Joseph Campbell (2008), Carl G. Jung (Campbell 1976) y Jordan B. Peterson (1999). Sociológicamente utilizo a James Hughes, Émile Durkheim y Talcott Parsons (2005). En cuanto a ideas filosóficas se utiliza a Platón (1871), Aristóteles (1934), Descartes (2006), Nietzsche (1897; 1908; 2003; Hernández Arias 2015) y Daniel Dennett (1991). A continuación un resumen de los ensayos aquí trabajados.

En el ensayo *Zoltan Istvan y el Partido Transhumanista: Política y transhumanismo en el siglo XXI* se analiza el discurso político y transhumanista de Zoltan Istvan, candidato a la presidencia de los Estados Unidos de América en 2016. En primer lugar, se demarca el trasfondo histórico que crea como consecuencia el Partido Transhumanista. En segundo lugar, se explica la orientación política del partido. En tercer lugar, se analiza las soluciones que propone a los problemas que ellos observan en la sociedad. Por último, se estudia el pensamiento de Zoltan Istvan, creador del Partido Transhumanista.

El paradigma de lo posthumano: tecnofobia y tecnofilia tiene como propósito exponer diferentes perspectivas respecto al paradigma de lo posthumano. Por un lado, tenemos el análisis crítico de Peter Sloterdijk y Francis Fukuyama, que respectivamente trabajan un acercamiento filosófico-histórico y biotecnológico sobre lo posthumano. Por el otro lado tenemos la perspectiva ideológica de los transhumanistas, cuyos promovedores son Ray Kurzweil, Zoltan Istvan, Hugo de Garis, Jason Silva, Nick Bostrom, entre muchos otros. El opuesto de los transhumanistas son los anarco-primitivistas, de lo cual se hace una pequeña digresión mencionando a John Zerzan.

Paradigma de la información es un ensayo bipartito. Primero se hace una reseña del libro *Programming the Universe: A Quantum Computer Scientist Takes on the Cosmos*, de Seth Lloyd, y luego éste es comparado con la teorización de Ray Kurzweil.

Sobre diferentes arquetipos y monomitos es una pequeña descripción sobre arquetipos de superhéroes y arquetipos de superinteligencia que los seres humanos hemos diseñado a través de la historia. *Análisis de diferentes obras de ciencia ficción que muestran atisbos a problemáticas de índole futurista o posthumanas* es un ensayo que, como bien se menciona en el título, se dedica a hacer un análisis de diferentes obras de literatura, filme y series televisivas como *Blade Runner: 2049*, *Westworld*, *The Foundation*, *Altered Carbon*, *Ex Machina*, *Gattaca* y *Accelerando*. El análisis tiende a ser simbólico, arquetípico y filosófico. Con ello se intenta entrar en los marcos epistemológicos que surge2n dentro de ideologías futuristas—esto es decir, sus ideas míticas y como se comparten entre los futuristas—, a la misma vez que se relaciona y analiza con arquetipos mitológicos. Los conceptos que se tocan en las tramas de ciencia ficción concernientes con el transhumamismo son la consciencia, la inteligencia artificial, el progreso exponencial de la tecnología, la identidad, la artificialidad, la virtualidad, el humanismo, la religión (o puesto de otra forma, formas arquetípicas de los temas tratados hasta ahora), y la muerte.

El ensayo *Consideraciones filosóficas del transhumanismo* se esboza a *groso modo* algunas posturas filosóficas dentro del transhumanismo. *Sobre el antropocentrismo teológico* es un ensayo que aborda en un neologismo creado por mí que ha sido poco desarrollado tanto en *Zoltan Istvan y el Partido Transhumanista* y *El nuevo paradigma de lo humano*, un concepto que trata de acompasar dos conceptos en uno sólo: el antropocentrismo y el teocentrismo en una sola coordenada inmanente. En *¿Qué es una consciencia?* se expone brevemente los diferentes argumentos a favor y en contra del surgimiento de la consciencia como un fenómeno algorítmico, si es que se parte de la premisa que la consciencia es un fenómeno muy material. Ambos tipos de argumentos de consciencia (algorítmica y no algorítmica) pueden tener bases tanto físicas como metafísicas.

Manuel A. Crespo Rodríguez
Hatillo, Puerto Rico, mayo de 2019

AGRADECIMIENTOS

Deseo agradecer primeramente a mis padres y mi hermana. A mi amigo Jonathan Meléndez Maldonado, por escuchar mis razonamientos y opiniones, además de su inmensa ayuda en cuanto a la revisión de esta obra. A Roberto Pérez Reyes por ser mi inspiración y poder consultar con él algunas dudas sobre la empresa de la autopublicación. A Dr. Arturo Torrecilla y Dra. Heidi Figueroa, quienes aprobaron mi disertación de tesis de maestría en sociología, que conforma un ensayo de esta obra. Agradezco las interminables conversaciones y debates de bachillerato en El Olimpo con antiguos colegas y amistades de bachillerato, y las pocas conversaciones en mi tiempo de maestría con colegas de sociología en Las Repúblicas sobre temas futuristas y áreas afines. Sé que hay muchas más personas a quienes debo mi mayor gratitud, *mea culpa* por no poder mencionarlos a todos.

PRIMERA PARTE: ANÁLISIS SOCIOLÓGICO DE LO TRANSHUMANO

INTRODUCCIÓN A LA PRIMERA PARTE

La sociología es una ciencia muy joven todavía. Desde los planteamientos positivistas de Emile Durkheim hasta hoy hemos desarrollado múltiples escuelas de pensamiento, metodologías, teorizaciones y estudios que forman parte de todo el espectro político. Es por ello que pocos sociólogos se han dado a la tarea de estudiar detenidamente el fenómeno del transhumanismo. Irónicamente, la sociología comenzó como una ciencia que trataba de dar diagnósticos o análisis desbocados hacia el futuro, tal como se ve en sus orígenes metodológicos y epistemológicos en los textos de Auguste Comte (1908).

De cualquier manera, el transhumanismo es una ideología en la cual gira, a su alrededor, diferentes grupos sociales dedicados a cumplir el fin del *mejoramiento humano*. Vemos que un tipo de análisis histórico y sociológico desbocado hacia el futuro está comenzando a tocar la fibra de la cultura popular, como los análisis de Yuval Noah Harari (2015; 2017; 2018) y Max Tegmark (2017). Si no están trabajando para ese fin, entonces se convierte en un tropo artístico con sus propios mitos, símbolos y arquetipos—sobre este asunto se dilucida más en la segunda parte.

Políticamente, ¿cuáles han sido los esfuerzos del transhumanismo para cumplir su misión? Ideológicamente, ¿hacia dónde se desbocan sus

esfuerzos de superbienestar, libertad e inmortalidad? Sobre este y otros asuntos es a lo que nos
dedicaremos en esta primera parte, que es mayormente un análisis sociológico.

ZOLTAN ISTVAN Y EL PARTIDO TRANSHUMANISTA: POLÍTICA Y TRANSHUMANISMO EN EL SIGLO XXI

Introducción

Después del año 2015 se han observado fenómenos muy interesantes en la esfera biotecnológica. Primero, la inicial modificación genética de un embrión humano (que posteriormente fue eliminado). Segundo, el robot Sophia se convirtió en ciudadano de Arabia Saudita, el primer robot en hacerlo. No obstante, un fenómeno de relación homóloga sucedía tras bastidores con un partido minoritario y un candidato presidencial desconocido. Las ideas que representaba eran menos conocidas aún y estaban catalogadas bajo el concepto *transhumanismo*. ¿Qué es todo esto y cuál es el debate en el cual están envueltos? ¿Cuál es el propósito de este candidato, Zoltan Istvan, y su partido, el Partido Transhumanista? ¿Cuál es la visión de *sociedad* que está aquí envuelta?

El propósito de mi ensayo es analizar el discurso político y transhumanista de Zoltan Istvan, candidato a la presidencia de los Estados Unidos de América en 2016. En primer lugar, se demarca el trasfondo histórico que crea como consecuencia el Partido Transhumanista. Ello quiere decir que se profundiza tanto en los orígenes del pensamiento transhumanista, como las decisiones políticas en Estados Unidos influenciadas por los diferentes comités de bioética, los cuales estuvieron bajo el mando de George W. Bush como de Barack H. Obama en sus respectivos términos como presidente de los Estados Unidos (Bush 2001; O'Brien 2014).

En segundo lugar, se explica la orientación política del partido. Hay que tomar en cuenta que los seguidores del transhumanismo se posicionan políticamente tanto en la izquierda como en la derecha. Por lo tanto, hay una orientación emergente ideada por James Hughes, la cual orienta entre bioconservadores y transhumanistas. Por consiguiente, además las dimensiones libertario-autoritario, e izquierda-derecha, también hay dimensión bioconservadora-transhumanista (Hughes, 2002). Esto trae un nuevo debate sobre lo que significa ser ciudadano y persona (*personhood*).[1]

Consecuentemente, posicionar la orientación política del Partido Transhumanista es clave para entender los puntos de encuentro o desacuerdo con los partidos tradicionales en Estados Unidos (*i.e.* demócratas y republicanos) al igual que los minoritarios (*i.e.* Partido Verde y Partido

---

[1] He decidido mantener el anglicismo *personhood* para definir la categoría de ser una *persona* sin tener un anclaje biológico o esencialista. Una traducción casi literal sería *personalidad*, pero esto puede ser fácilmente confundible con conceptos psicológicos sobre la personalidad.

Libertario).

En tercer lugar, se analiza las soluciones que propone a los problemas que ellos observan en la sociedad. Dicho de otra manera, sus propuestas y lo que marcará para futuras incursiones en la política por parte de intelectuales transhumanistas. Entre los problemas comunes están la tecnología, las relaciones con otros países, la situación económica del país y las políticas respecto al uso de la medicina moderna y su investigación.

Por último, se estudia el pensamiento de Zoltan Istvan, creador del Partido Transhumanista. Se analizará tanto sus propuestas como sus métodos para promover la visión de su partido, su filosofía, sus éxitos y fracasos frente a los partidos tradicionales.

Como metodología se hace una revisión literaria y se hace análisis de encuestas hechas en Pew Research Center. Las preguntas a contestar serán: ¿cuál fue el discurso transhumanista de Zoltan Istvan en su campaña política? ¿Logró su objetivo? ¿Cuáles fueron sus implicaciones para el movimiento transhumanista? Mi objetivo con ello es, en primer lugar, la demarcación el pensamiento de Zoltan Istvan y su pensamiento transhumanista dentro de la política estadounidense y, en segundo lugar, la demostración de las ventajas y desventajas de propuestas políticas de índole transhumanista en el gobierno.

Como parte del marco teórico se utilizan los conceptos ideados por Ray Kurzweil (*i.e.* ley de rendimientos acelerados y singularidad tecnológica), James Hughes (*i.e. personhood*, bioludita y ciudadano), Hugo de Garis (*i.e.* cosmists y terrans) y Nick Bostrom (*i.e.* riesgo existencial) para exponer la postura transhumanista. También se muestra las posturas en contra del transhumanismo como la de Francis Fukuyama (defensor del *factor X*), David Livingstone y John Zerzan (anarquista primitivista). Para exponer el debate a fondo se utilizan textos como *H+/-: Transhumanism and Its Critics* y *Transhumanism and Society: The Social Debate over Human Enhancement*, los cuales revelan argumentos a favor y en contra del transhumanismo. Son importantes conceptos tales como transhumanismo, posthumanismo, singularidad tecnológica, ley de rendimientos acelerados, bioética, ciudadano y persona. Algunas definiciones se encuentran en los trabajos de personas transhumanistas, al igual que en diccionarios, enciclopedias o colecciones de ensayos como *Trascendence: The Disinformation Encyclopedia for Transhumanism and the Singularity* y *The Transhumanist Reader: Classical and Contemporary Essays on the Science, Technology, and Philosophy of the Human Future.*

Aunque en el trabajo se hace un breve resumen de conceptos sobre la posthumanidad, como por ejemplo la posición filosófica de Peter Sloterdijk, Donna Haraway, Rosi Braidotti, David Livingstone y Francesca Ferrando, el enfoque principal es en una versión de posthumanismo, que es el transhumanismo, una vertiente tecnocrática, mecanicista y de progreso exponencial que hereda parte del *hombre ilustrado* del humanismo secular, llevándolo a nuevas alturas, buscando una hipermodernidad o transmodernidad en vez de descartar la modernidad (More y Vita-More, 2013), definida de esa forma por Ray Kurzweil, Nick Bostrom, Hugo de Garis y Mark O'Connell. En otras palabras, aquí se expone la postura transhumanista como un tipo de antropotécnica que busca superar el bienestar, inteligencia y longevidad de los seres humanos.

1. Conceptos básicos: *Antropotécnica, posthumanismo, transhumanismo y debate sobre el mejoramiento humano*

"I look at you now, Utnapishtim, and your appearance is no different from mine; there is nothing strange in your features. I thought I should find, you like a hero prepared for battle, but you here taking your ease on your back. Tell me truly, how was it that you came to enter the company of the gods and to possess everlasting life?" Utnapishtim said to Gilgamesh, "I will reveal to you a mystery, I will tell you a secret of the gods."[2]
—*The Epic of Gilgamesh*

En este subtema comenzaré a concretizar los conceptos utilizados para entender el fenómeno a estudiar. Iré desde los conceptos más generales hasta los más específicos. Antes que todo, se debe afirmar lo siguiente: esta tesis conforma una pequeña parte de la gran temática sobre el

---

[2] Mi traducción: «"Te miro ahora, Utnapishtim, y tu apariencia no es diferente de la mía; No hay nada extraño en tus rasgos. Pensé que debería encontrarte, como un héroe preparado para la batalla, pero aquí te estás relajando. Dígame de verdad, ¿cómo fue que entró en la compañía de los dioses y tuvo vida eterna?" Utnapishtim le dijo a Gilgamesh: "Te revelaré un misterio, te contaré un secreto de los dioses"».

mejoramiento humano (*human enhancement*). Los conceptos sociológico-filosóficos utilizados aquí son para poder demarcar el fenómeno de la candidatura de un transhumanista en las elecciones presidenciales de 2016. Debido al paso del tiempo desde la ideación de esta tesis, se tocará brevemente y de manera conclusiva en la segunda y tercera parte de la tesis los fenómenos posteriores a 2017.

1.1. Conceptos básicos

Primeramente, está el concepto *antropotécnica*, trabajado por el filósofo Peter Sloterdijk. Se define como todo ejercicio que se haga para moldear al ser humano. Bajo esta definición cae casi todas las acciones debajo del quehacer humano, inclusive la religión. Sloterdijk utiliza aquí la metáfora del ejercicio y el sistema inmunológico para describir que el hombre se modifica para sobrevivir a su entorno. Para Sloterdijk, las doctrinas son un tipo de ejercicio ascetológico. En su texto *Has de cambiar tu vida: Sobre Antropotécnica* (2012) él hace descripción de diferentes tipos de doctrinas las cuales desempeñan algún tipo de antropotécnica. Su enfoque, siendo un sociólogo-filósofo contemporáneo controversial, es uno de quien observa el quehacer doctrinal luego del afamado diagnóstico nietzscheano «Dios ha muerto». Como veremos en el transcurso de esta tesis, es indispensable este concepto para observar detenidamente el quehacer doctrinal del transhumanismo expuesto por Zoltan Istvan, puesto que sus características podrían formar, a mi parecer, una añadidura al compendio descriptivo de los diferentes seres *ejercitantes* hechos por Sloterdijk.

Cabe destacar que la posición de Peter Sloterdijk respecto a la biotecnología y las tecnologías actuales de bioingeniería se encuentran en su controversial texto *Normas para el parque humano* (2006), el cual lo separa de la academia actual alemana en cuanto al control de lo humano. Sloterdijk se pregunta por las implicaciones del aborto o incluso de la manipulación prenatal, y si estas se convertirán en una nueva costumbre reproductiva.

Aunque no lo parezca, Sloterdijk marca en su conferencia *Normas para el parque humano* la pauta para el debate biotecnológico dentro de la academia, y fue criticado por su enfoque novedoso y poco entendido por los academicistas. Siendo un teórico de la cultura, creo que Sloterdijk todavía, al final del siglo pasado, no veía las implicaciones biotecnológicas de lo que hablaba. Esto es entendible también porque el genoma humano se decodificó casi en ese mismo tiempo. Es ahora, con las avanzadas técnicas de manipulación genética, cuando nos preguntamos seriamente por el *mejoramiento humano*.

El hecho de que el *status quo* filosófico tildara de «fascista» a Sloterdijk solamente muestra que quizá los ingenieros o filósofos de la modificación humana están mejor equipados para tratar el problema. Llegó el nuevo milenio y en Europa todavía están en coordenadas humanistas que para Sloterdijk han caducado.

El nuevo mito de lo humano se destaca no por haberse propagado en la cultura popular desde mediados del siglo pasado, sino porque lo aparentemente inverosímil se está convirtiendo en realidad y las coordenadas míticas son los ejercicios filosóficos primarios en los nuevos debates: son los nuevos cánones del humanismo que la academia se tarda en aceptar.

Es una ironía que la generación *millennial*, destacada por jóvenes que crecieron en lo utópico y viven en lo distópico, están más acostumbrados para este debate que la vieja guardia académica. ¿Acaso en la academia se toman las historietas, las series y obras de ciencia ficción en serio o son consideradas un *child's play*? No obstante, estos *mitos modernos* han tocado la fibra cultural, desde *Robocop* y *Terminator* hasta *Her* y *Trascendence*.

Luego nos encontramos con lo que nos referimos aquí como *posthumanismo*. Este es un concepto sombrilla para describir corrientes filosóficas y culturales (a veces enfrentadas o contradictorias) que ponen en duda o trascienden el paradigma de lo humano. Le he seguido la pista a este concepto y, a *grosso modo*, existen dos tipos de posthumanismo: (1) El que hace crítica al humanismo y, (2) el que sigue la lógica del humanismo hasta sus últimas consecuencias lógicas (cuya fase intermedia es el transhumanismo).

Sobre esta distinción entre los dos posthumanismos—*i.e.* entre el que admite el transhumanismo y el que no lo admite—Moore y Vita-Moore son unos de los pocos quienes han podido demarcar la diferencia en esta problemática conceptual explícitamente en su texto *The Transhumanist Reader,* en el primer párrafo de la primera parte, *Roots and Core Themes*:

> Transhumanism developed as a philosophy that became a cultural movement, and now is regarded as a growing field of study. It is often confused with, compared to, and even equated with posthumanism. Transhumanism arrived during what is often referred to as the postmodernist era, although it has only a modest overlap with postmodernism. Ironically, trans-humanism shares some postmodernist values, such as a need for change, reevaluating knowledge, recognition of multiple identities, and opposition to sharp classifications of what humans and humanity ought to be. *Nevertheless, transhumanism does not throw out the entirety of the past because of a few mistaken ideas. Humanism and scientific knowledge have proven their quality and value.* In this way, transhumanism seeks a transmodernity or hypermodernism rather than arguing explicitly against modernism. One aspect of transhumanism that we hope to explore and elucidate throughout this book is the need for inclusivity, plurality, and continuous questioning of our knowledge, as we are a species and a society that is forever changing. The roots and core themes of transhumanism address some of the underlying themes that have formed its philosophical outlook. (Moore y Vita-Moore: Kindle Locations 709-717).[3]

---

[3] Itálicas hechas por mí. Mi traducción: «El transhumanismo se desarrolló como una filosofía que se convirtió en un movimiento social, y ahora es tratada como un campo

Por lo tanto, se puede entender por *posthumanismo* a la fase final del transhumanismo, en tanto y en cuanto se entiende *posthumanismo* como la continuación del humanismo y no como una crítica del humanismo.

Hace más de 2,300 años Platón nos remite un relato sobre Sócrates en uno de sus diálogos con Fedro. Sócrates dilucidaba la conveniencia de la escritura, por lo cual relata una tradición de los antiguos: el regalo del dios Teut a los egipcios cerca de Naucratis. Según el relato, ese dios inventó «el cálculo, la geometría, la astronomía, así como los juegos del ajedrez y de los dados, y,

---

de estudio en crecimiento. Es conocido, y comúnmente confundido, comparado, e inclusive igualado con el post-humanismo. El transhumanismo llegó durante lo que es referido usualmente como la era postmodernista, aunque solamente tiene una modesta coincidencia con el postmodernismo. Irónicamente, el transhumanismo comparte algunos valores postmodernos, como la necesidad de cambio, la reevaluación del conocimiento, reconocimiento de múltiples identidades, y una punzante oposición a clasificaciones de lo que es humano y lo que la humanidad debería ser. *No obstante, el transhumanismo no desecha completamente el pasado por algunas pocas ideas equivocadas. El humanismo y el conocimiento científico han probado su calidad y valor.* De este modo, el transhumanismo busca una trans-modernidad o hipermodernidad en vez de argumentar explícitamente en contra del modernismo. Un aspecto del transhumanismo que tenemos esperanza de explorar y elucidar a través de este libro es la necesidad de inclusividad, pluralidad, y continuo cuestionamiento de nuestro conocimiento, puesto que somos una especie y una sociedad que está en constante cambio. Las raíces y los temas centrales del transhumanismo abordan algunos de los temas subyacentes que han formado su perspectiva filosófica».

en fin, la escritura» (Platón 1871: 339-341). Teut se presentó ante el rey de aquel lugar, Tamus, y le explicó la utilidad de sus invenciones. El rey encontró satisfactorio todos los inventos excepto la escritura, dado que podría hacer que las personas comenzaran a olvidar y a creerse sabios. De este antiguo relato quiero rescatar lo que argumenta Sócrates sobre la escritura en tanto tecnología. Arguye que la escritura, una tecnología reciente en su tiempo, haría que las personas olvidarán cosas importantes como la cultura. Esto se podría entender también como una deshumanización frente a una emergente tecnología de letras.

La ciencia ficción del siglo pasado se convirtió en un predictivo de los posibles futuros de la humanidad. A través de ese medio científicos y escritores se daban a la tarea de imaginar el devenir tecnológico de las tecnologías emergentes. Sin embargo, el progreso tecnológico y científico del siglo XX resultó ser más sorprendente que la ficción. Debemos tener en cuenta también lo siguiente: en nuestro devenir histórico, la ciencia, la religión y el mito mayormente estuvieron imbricadas; no es hasta que llega la modernidad que se hace una de-marcación tajante entre ellos. Consecuentemente, la ciencia ficción de nuestros días, al igual que otros tipos de ficciones con personajes metahumanos o sobrehumanos, se debe observar también como *formas míticas* de temas que nos han interesado desde hace siglos y milenios. Este argumento es importante tenerlo en cuenta cuando, por ejemplo en *Star Wars,* se utiliza el héroe arquetípico tal cual es descrito en *The Hero with a Thousand Faces* (2008).[4]

El *transhumanismo* es la postura filosófica que busca trascender los límites de la biología humana a través del uso radical de ciencia y tecnología. Los transhumanistas se enfocan en el desarrollo de diferentes tecnologías emergentes, tales como la nanotecnología, la biotecnología y la IGA-ISA[5]. James Hughes (2004) lo define de la

---

[4] El villano arquetípico en la película *Unbreakable*, actuado por Samuel Jackson, es quien hace la descripción igualando a la ficción (en el caso de la película, las historietas o comics) con los mitos de antaño. Actualmente el monomito es utilizado en la ciencia ficción como recurso estilístico, pero pocos afirmarían que siguen perpetuando la creación de mitos.

[5] IGA e ISA que se refieren a «inteligencia general artificial» e «inteligencia superior artificial», respectivamente. La primera se refiere a una IA con múltiples inteligencias como los seres humanos. La segunda se refiere a una IA superior a la humana. Para quienes están en ciencias de cómputos, la IA se refiere a un sistema que puede funcionar de manera autónoma para reemplazar a operantes que, de no ser una IA, serían humanos. Por ende, «inteligencia» es un sustantivo que describe la capacidad de operar y no se refiere a su capacidad de consciencia o cognoscitivo. Las consideraciones cognoscitivas de la IA forman parte de otros debates que rayan en asuntos filosóficos. Entre las problemáticas se encuentran las siguientes: cómo saber que un ente es consciente (o puesto de otra forma, si es posible conocer si un ente es consciente); si se puede hacer una prueba (la prueba de Turing prueba comportamiento humano, pero no la consciencia del ente). Respecto a estas consideraciones existen ejercicios filosóficos como el cuarto chino (de John Searle, y una variante descrita por Achille Varzi en su cuento *Zombie, Inc. Sleeping Pills*) y la prueba de consciencia mostrada en la película *Ex Machina*.

siguiente manera:

> In the twenty-first century the convergence of artificial intelligence, nanotechnology and genetic engineering will allow human beings to achieve things previously imagined only in science fiction. Life spans will extend well beyond a century. Our senses and cognition will be enhanced. We will gain control over our emotions and memory. We will merge with machines, and machines will become more like humans. These technologies will allow us to evolve into varieties of 'posthumans' and usher us into a 'transhuman' era and society. (Hughes 2004: xii).[6]

El transhumanismo es un tipo de pensamiento posthumanista. El posthumanismo, como es un concepto sombrilla, abarca muchas discusiones culturales y filosóficas sobre lo humano, ya sea negando la herencia humanista, criticándola o aceptando parte de la herencia humanista. Tomando eso en cuenta, Francesca Ferrando (2013) hace varias definiciones sobre el posthumanismo. Sin embargo, para propósitos

---

[6] Mi traducción: «En el siglo veintiuno la convergencia entre la inteligencia artificial, nanotecnología e ingeniería genética permitirá a los seres humanos lograr cosas previamente imaginadas solamente en la ciencia ficción. La duración de la vida se extenderá más allá de un siglo. Nuestros sentidos y cognición serán mejorados. Tendremos control sobre nuestras emociones y memoria. Nos fusionaremos con las máquinas, y las máquinas se volverán más como seres humanos. Estas tecnologías nos permitirán evolucionar hacia variedades de 'posthumanos' y llevarnos a una era y sociedad 'transhumanas'».

de este escrito, el posthumanismo se puede definir como la fase final del transhumanismo, donde finalmente se trasciende la condición humana. Como ya observamos de antemano, lo que Peter Sloterdijk (2012) llama como *antropotécnica* en realidad es una definición más abarcadora que la definición de posthumanismo que aquí he propuesto. Este tipo de análisis abarcador de lo humano es parecido al que hace Donna Haraway (1991).

El transhumanismo se puede observar en la cultura popular, en obras de ciencia ficción (películas como *Her*, *Trascendence*, *In Time*, *Ex Machina*, *Blade Runner* y series como *Westworld*) y en *celebridades intelectuales* como Elon Musk (creador de Uber y Space X e influenciado intelectualmente por el filósofo transhumanista Nick Bostrom) y Ray Kurzweil (actual director de ingeniería de Google, inventor de muchos aparatos que pasamos por alto como los sintetizadores Kurzweil y tecnologías para ayudar a personas con discapacidades).

La superación de lo humano es una pregunta inherentemente moral. No es solamente darles poder a las personas discapacitadas, sino que es preguntarnos si superarnos es una vía *correcta*. Por ejemplo, una persona sin un brazo puede tener la prótesis de un brazo que mejore significativamente su calidad de vida. Empero, si se inventa una prótesis de brazo que supera las capacidades naturales de un brazo, ¿es correcto ponerse dicha prótesis? Si un chip es capaz de duplicar la memoria y es beneficioso para una persona con Alzheimer entonces se ve como algo moralmente correcto. No obstante, si una persona sin dicha discapacidad quiere ese implante, ¿se le debe dar?

Los transhumanistas afirman que sí, que debemos buscar la superación de lo humano, pues somos criaturas limitadas y con defectos evolutivos. Esto me resulta curioso, pues usualmente el discurso de lo humano como limitado o defectuoso surge del discurso religioso cristiano. Adán y Eva eran perfectos, pero comieron del árbol de la ciencia del bien y el mal y perecieron en el pecado (Génesis 1 y 2). Algunos antiteístas como el tardío Christopher Hitchens argumentaban que el hombre no era defectuoso, puesto que no existía el pecado debido a que era una invención mítica. Sin embargo, quienes conocen de la teoría de la evolución se percatan de las características evolutivas que hemos heredado (algunas, para los librepensadores, ponen en duda la existencia de un dios inteligente): una vesícula que no sirve; cola vestigial; caminar de forma bípeda, lo cual nos libera las manos pero es la principal causa de problemas de espalda; un sistema reproductor posicionado junto a un sistema endocrino y de desechos; en fin, muchas características que muestran el devenir evolutivo de millones de años sin ninguna guía. Ahora, cuando la consciencia humana ha llegado a grandes magnitudes, volvemos a un *antropocentrismo teológico*: «somos los dioses ahora».[7] Por ende, bajo la lógica transhumanista, somos quienes pueden guiar el curso evolutivo para mejorarnos como

---

[7] Este concepto se elabora en el ensayo *Sobre el antropocentrismo teológico* (ver p. 165).

especie—que bajo terminología evolucionista se puede decir que el ser humano hace *selección artificial* en sí mismo, bajo conceptos de Jason Silva (2014) estamos haciendo *diseño ontológico* y bajo la lógica del Partido Transhumanista y Zoltan Istvan estamos siguiendo un designio de la *libertad morfológica* (Hamilton 2015), concepto en el que entraremos más adelante.

Stephen Lilley en su texto *Transhumanism and Society* hace tres descripciones de lo transhumano que él considera como *tipos ideales*: transhumanismo cósmico, transhumanismo personal y transhumanismo civitas.[8] Estos tres tipos ideales son importantes porque muchas argumentaciones a favor y en contra del transhumanismo se centran en una o varias de esas concepciones de lo transhumano. Como veremos en subtemas siguientes, considero que Zoltan Istvan forma parte de una síntesis entre el transhumanismo personal y transhumanismo civitas.

El *transhumanismo cósmico* es el más escatológico de todos. Este tipo de transhumanismo tiene como móvil la expansión de la especie humana en todo el cosmos. Kurzweil es quien mejor personifica este tipo de transhumanismo. Aunque sus proyecciones son bastante evidenciables, puesto que se apoyan en fenómenos anteriores e intenta trazar posibles líneas venideras, su escatología es parecida a la cristiana. En este sentido, y llevando

---

[8] Stephen Lilley es importante aquí porque su formación como sociólogo. Su análisis del debate sobre el mejoramiento humano se ve desde esa disciplina y resume muy bien los puntos debatidos.

su proyección al extremo, se llega a una especie de panteísmo inmanente en el cual la inteligencia se ha propagado por todas las esquinas del universo.

El *transhumanismo personal* sigue más de cerca lo que se conoce como *libertad morfológica*. Si cada persona tiene el derecho a buscar su propia felicidad y a ser libres, se sigue que cada persona tiene la libertad de modificarse a sí mismos si así lo desean. Este tipo de transhumanismo, al aludir a la libertad personal, es muy acorde con la doctrina política del libertarianismo. Como veremos, este contrasta un poco con el transhumanismo civitas.

El *transhumanismo civitas* entiende que el transhumanismo es un bien común. Ergo, busca maneras de regular y democratizar las tecnologías que posibilitan el *mejoramiento humano*. Al verlo como un bien común, contrasta del transhumanismo personal en el sentido de que no se ve necesariamente como una libertad personal. El transhumanismo civitas busca regular las tecnologías para que además de que sean un bien común se minimicen los daños que puedan suceder al dejar el acceso de estas tecnologías a un tipo de clase (usualmente la clase rica, lo cual implicaría, por lo radical de las tecnologías y las modificaciones, en la creación de una clase humana superior a otras, creando más diferencia de clases).

La bioética es uno de los debates más avanzados en el debate sobre el *mejoramiento humano*, especialmente si está enfocada en lo estrictamente biológico—*i.e.* modificación genética. Tanto bioconservadores como transhumanistas entienden el potencial de esta tecnología, por lo que el debate no necesariamente se enfoca en que si es *posible* o no, sino en que si se *debe* hacer o no.

El transhumanismo combina la teoría de la evolución con un concepto novedoso: el memético. Con *memético* me refiero al concepto acuñado por el evolucionista Richard Dawkins en su libro *The Selfish Gene*, el *meme*: un gen mnemotécnico (*mnemonic gene*). Al igual que el principio evolucionista del gen, el meme es una unidad de información que se pasa de cerebro en cerebro (al igual que los genes se pasan de generación en generación). Los memes se propagan a través de la comunicación (al igual que los genes se propagan a través del acto sexual). De esta concepción básica, por ende, podemos ahora visualizar en mejor grado el transhumanismo: el principio de que los humanos toman rienda de su propia evolución se debe tomar, ahora desmenuzado, no solamente como un aspecto puramente *natural*, sino seleccionado *artificialmente*. Este aspecto se deduce implícitamente. Parecería casi un concepto sacado de la teoría de la evolución, pero el transhumanismo en realidad expande en la visión biologicista y evolucionista del hombre. Si se sigue la *ley de rendimientos acelerados* de Ray Kurzweil, entonces la selección artificial es algo que se debe observar con mucha atención, especialmente quienes estén pendientes a los debates bioéticos.

La economía, biología y otras ciencias utilizan

leyes que son *asumidas* como verdades *en principio*. Las suposiciones de Kurzweil para su *ley de rendimientos acelerados* es la misma que la ley de Moore en tanto y en cuanto las suposiciones no cambien. El crecimiento exponencial sigue igual. Sin embargo, este argumento de transhumanismo cósmico puede parecer, además de esotérico, casi imposible por el hecho de que escatológicamente tiene casi la misma forma que la escatología de las religiones abrahámicas. La trascendencia en sí no es novedosa—todas las religiones tienen algún tipo de trascendencia en sentido metafísico—, pero la trascendencia en sentido inmanente sí lo es, y valorativamente es vista como transgresora por parte de algunas religiones. A pesar de ese gran defecto, el modelo kurzweliano intenta ser serio y sus proyecciones se basan en fenómenos anteriores. Inclusive—en su modelo aparentemente de esencia ideológica anclada en el progreso, la ciencia y la tecnología—admite conceptos del siglo XX como el concepto *paradigma*, el cual es aceptado en tanto y en cuanto se habla de los cambios en la técnica para la creación de diferentes tecnologías. No sabe los paradigmas que vendrán en cuanto técnica, ni tampoco los cambios políticos y sociales de las culturas, pero sabe que el avance exponencial de la tecnología de computación implica que vendrán cambios en la técnica, lo cual paradigmáticamente hay un giro: se tiene que dispensar de un invento anterior para dar cabida a uno más reciente y funcional. Sin embargo, este concepto tiene sus límites. Como he puesto anteriormente, los cambios paradigmáticos, bajo el modelo kurzweliano, se refieren a cambio, no en el modelo en sí. El modelo del avance exponencial del conocimiento y la tecnología se asume como incambiable—si se siguen sus premisas fundacionales. Es por ello que la *ley de rendimientos acelerados* es una ley, no una teoría.

Año	CPS/$1,000	Aparato
1900	0.000005821	Máquina Analítica
1908	0.0001299	Tabulador Hollerith
1911	0.00005787	Calculador Monroe
1919	0.001064	Tabulador IBM
1928	0.0006993	National Ellis 3000
1939	0.008547	Zuse 2
1940	0.01431	Bell Calculator Model 1
1941	0.0463	Zuse 3
1943	5.308	Colossus
1946	0.7981	ENIAC
1948	0.3698	IBM SSEC
1949	1.837	BINAC
1949	1.044	EDSAC
1951	1.43	Univac I
1953	6.104	Univac 1103
1953	11.88	IBM 701
1954	0.3669	EDVAC
1955	16.45	Whirlwind
1955	3.438	IBM 704
1958	0.3257	Datamatic 1000
1958	0.9144	Univac II
1960	1.514	IBM 1620
1960	151.5	DEC PDP-1
1961	282.5	DEC PDP-4
1962	29.43	Univac III
1964	158.6	CDC 6600
1965	482.6	IBM 1130
1965	1792	DEC PDP-8
1966	49.72	IBM 360 Model 75

1968	213.6	DEC PDP-10
1973	728.6	Intellec-8
1973	3401	Data General Nova
1975	10580	Altair 8800
1976	777	DEC PDP-11 Model 70
1977	3720	Cray 1
1977	26870	Apple II
1979	1114	DEC VAX 11 Model 780
1980	5621	Sun-1
1982	126600	IBM PC
1982	126600	Compaq Portable
1983	86280	IBM AT-80286
1984	85030	Apple Macintosh
1986	538200	Compaq Deskpro 386
1987	232600	Apple Mac II
1993	3549000	Pentium PC
1996	48080000	Pentium PC
1998	133300000	Pentium II PC

Tabla 1.1: La Ley de Moore es el quinto paradigma según Ray Kurzweil; igualmente se puede observar el crecimiento exponencial de la computación (Kurzweil 2006: 67 y 70).

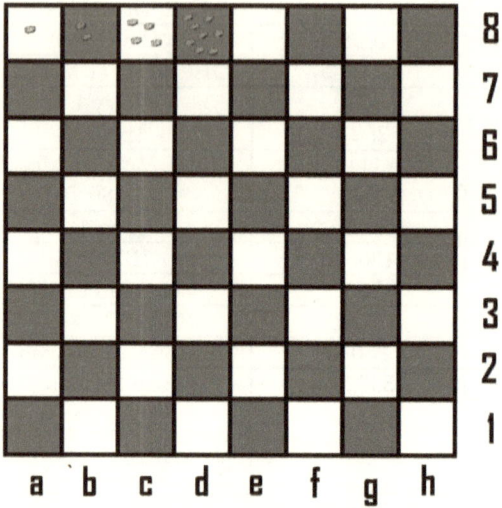

Ilustración 1.1: Ejemplo del crecimiento exponencial de la computación según antiguas leyendas sobre la creación del ajedrez, o leyendas de la religión hinduista. Un sabio le enseñó el juego de ajedrez a un rey muy poderoso, y el rey se sorprendió por la sapiencia del sabio al perder una partida con él. El rey le dijo que le concedería cualquier deseo que quisiese, así que el sabio le pidió lo siguiente: un grano de arroz en el primer cuadrante (a8), dos granos de arroz en el segundo (b8), cuatro granos de arroz en el tercero (c8), y así sucesivamente, con tal de que el siguiente cuadro tuviese el número de granos de arroz del cuadro anterior multiplicado por dos (en otras palabras, crecía la cantidad exponencialmente). El rey accedió. Pero luego se percató de que no podía pagarle los granos de arroz al sabio, puesto que cuando llegaba al cuadrante h1 (el número 64, el último) tendría que utilizar todas las reservas de arroz en el planeta, más las que se pudiesen generar en varias temporadas siguientes, para poder pagarle al sabio. En algunas leyendas el rey ejecuta al sabio; en otras, sorprendido por su sapiencia, le ofrece su cargo de rey.

Consecuencialmente, el argumento transhumanista es, y ya lo hemos visto anteriormente, que estaríamos superando nuestras capacidades, nuestras percepciones, nuestras reflexiones, y eso es mejor que privarse de ello, aun cuando quizá tenga un aspecto negativo. Jason Silva (2015) y Hugo de Garis (2005) lo argumentan de manera parecida: la invención del fuego nos permite cocinar nuestras comidas, pero también nos permite quemar gente en la hoguera. Sin embargo, privarse de dicho invento implica perderse toda una gama de experiencias. Lo mismo se puede argumentar respecto a la tecnología del lenguaje: al igual que *mentar* cosas buenas podríamos *mentar* lo malo, pero sin la capacidad de mentar no se hubiesen desarrollado todas las demás tecnologías hasta el sol de hoy. En este sentido, el ser humano es un ser que vive impregnado en la tecnología.

No se puede hablar de ética transhumanista sin mencionar a Nick Bostrom (2002; 2003; 2014), un importante filósofo que ha pensado sobre algunos riesgos de tecnologías transhumanistas, en especial los posibles riesgos de la superinteligencia en su libro *Superintelligence* o su artículo *Existential Risks*. Igualmente, en su artículo *Transhumanist Values* él hace explícito, de manera corta y concisa, lo que debe ser el quehacer transhumanista, mayormente definido a partir de valores humanistas, pero con una mayor intervención de la tecnología en la biología humana para superar sus limitaciones.

Como filosofía existencial el transhumanismo intenta superar algunas limitaciones de nuestra existencia humana. A diferencia de la filosofía atea del siglo XIX el transhumanismo busca hacer un cambio tangible. Ya el asunto no es crear teodiceas o mitos para satisfacer la necesidad del sentido de la vida. Así que hereda algo de la filosofía nietzscheniana: superar nuestras limitaciones. A diferencia de Nietzsche, el transhumanismo es inherentemente científico (o por lo menos intenta serlo), no perspectivista. La superación del nihilismo no se hace en un sentido puramente metafísico, sino que hay una verdadera búsqueda de superación óntica, la solución que Nietzsche jamás llegó a escribir luego de criticar duramente a la filosofía occidental—además de que Nietzsche es una versión pre-postmodernista de una crítica al humanismo, la ontología, la razón, la religión, etc., y su filosofía carecía de una *nueva* metafísica y ética, por lo que se quedaba del lado de la crítica de Occidente y no en el lado de la construcción de algo nuevo.

En este escrito nos referimos por *bioconservadores* a aquellos que sean críticos del transhumanismo. Este sector se divide primeramente entre dos clases de críticos: los religiosos y los seculares. Los críticos religiosos aluden usualmente a una ontología humana favorecida por Dios, mientras que los seculares reafirman la condición humana como *homo sapiens* es la mejor condición que puede existir o que es incambiable. Generalmente ambos tipos de críticos aluden que el cambio de la condición humana, sea leve o extrema, es peligrosa. En el siguiente subtema veremos varios argumentos a favor y en contra del transhumanismo, cuyos diferentes argumentos siempre deben estar presentes en estos temas.

Autor	Transhumanismo	Biconservadurismo
Hugo de Garis	Cosmists	Terrans
Zoltan Istvan	Transhumanistas	Anti-Transhumanistas
James Hughes	Transhumanistas	Bioluditas
Stephen Lilley	Tranhumanistas	Conservacionistas

Tabla 1.2: Relación de conceptos que denotan transhumanismo y bioconservadurismo.

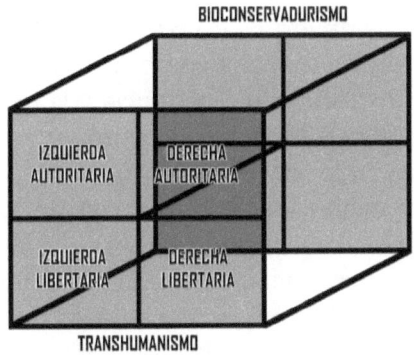

Ilustración 1.2: Cubo político que toma en cuenta la distinción transhumanismo-bioconservadurismo inspirada en la versión hecha por el transhumanista democrático James Hughes (2004). Nótese que mis valores utilizados son en base a ejes autoritarismo-libertarianismo e izquierda-derecha, no los valores tradicionales utilizados por Hughes como conservador-progresivo en ejes de política económica y política cultural.

1.2. Tres argumentos a favor y tres argumentos en contra del transhumanismo.

A continuación expondré algunos argumentos a favor y en contra del transhumanismo. Debido al limitado espacio de este libro, expondré los argumentos y refutaciones más sólidas hasta la fecha. Estas argumentaciones son siguiendo el debate biocon-servadurismo-transhumanismo según expuesto por Stephen Lilley (2013).

1.2.1. A favor

A favor del transhumanismo hay varios puntos. El primero es el *mejoramiento humano*. Se ve la condición humana como una imperfección y un asunto a mejorar. La ciencia y la tecnología son los potenciadores de este cambio.

El segundo es el *futuro optimista*. Aunque existen transhumanistas que hacen un *cautionary tale* de los avances radicales en la ciencia y tecnología para evitar sus riesgos, como Nick Bostrom (2002) y sus *existencial risks* y Hugo de Garis en su relato pseudoapocalíptico conocido como el *artilect war*, en general ellos ven el avance de la ciencia y tecnología con mucho optimismo. Para ilustrar este punto se utiliza el relato de Prometeo: cuando ese dios nos dio la tecnología del fuego no nos dio la cuestión moral de ese avance. Por ende, el fuego se puede utilizar para cocinar y otros usos útiles, o se puede utilizar para quemar gente en la hoguera. Ello quiere decir que el riesgo no está en la tecnología, sino en su uso. Los transhumanistas, por lo tanto, se enfocan en los aspectos *positivos* de una tecnología e intentan minimizar sus aspectos *negativos*.

El *ad hominem* más común por parte de los transhumanistas hacia los bioconservadores es «los bioconservadores son fundamentalistas y anti-progresistas».

Con estas tecnologías se busca la vida indeterminada—en lenguaje metafísico ello quiere decir la búsqueda de la *inmortalidad*, pero esta búsqueda, actualmente, es en el modo inmanente y no en el trascendente que ha dominado por muchos milenios. Por lo tanto, el uso de la criónica es un ejemplo de tecnología de vanguardia utilizada para preservar los cuerpos luego de la muerte con la esperanza de reanimarlos cuando el avance tecnológico lo permita. La medicina actual, implícitamente, está creando las condiciones para una expectativa de vida indeterminada. En el momento presente la expectativa de vida sobrepasa los setenta años en países de primer mundo, y cada día ese número va en aumento.

1.2.2. En contra

Entre los puntos importantes en contra están los siguientes. El primer punto es el conservadurismo humano. Este punto se subdivide entre varios enfoques por los cuales se puede lograr ser conservadoramente humano. Uno es la versión religiosa. Dependiendo de la religión en específico hay diferentes restricciones ascéticas sobre el cuerpo, ya sea lo que se debe comer o qué tipo de modificación se puede incurrir. Sobre ello se han hecho estudios estadísticos y focales sobre las opiniones de diferentes grupos religiosos (Lugo et al. 2013). Sin embargo, el enfoque aquí es respecto a las religiones monoteístas. En muchas religiones monoteístas el hombre es creado a imagen y semejanza de Dios. Ergo, el cuerpo es un templo sagrado que no se puede modificar. Dependiendo de la religión o denominación específica hay diferentes límites al respecto—*e.g.* los Testigos de Jehová no se hacen transfusiones de sangre, algunas denominaciones cristianas protestantes y católicas no admiten los tatuajes, y otras, como el rastafarianismo, no admiten la amputación.

Otra versión es la más secular: una derivada de la ley natural. En ello se afirma que el hombre está naturalmente dispuesto a actuar y ser de la manera que dispone la naturaleza, y toda aquella forma que vaya en contra del designio natural es una aberración.

La versión más peculiar hasta el momento es la propuesta por Francis Fukuyama: que el hombre posee un *factor X*, el cual es desconocido, y que modificar de alguna manera el hombre implica modificar el misterioso *factor X*. Aunque poderosamente deduccionista, este argumento raya en la irrefutabilidad. Parecería, en primera instancia, una combinación del argumento religioso con el argumento de la ley natural, pero con el defecto de que no alude a una cuestión en específica (ya sea la autoridad religiosa o la observación de la naturaleza), sino a la autoridad del misterio: una especie de falacia argumentativa *dios de las fallas*.

El segundo es un *futuro pesimista*. Esto implica que cada avance no se ve como algo positivo y dador de *trascendencia*, sino como un agente de *transgresión*. Cada uso radical de la tecnología tiene en sí el potencial de un apocalipsis.

El *ad hominem* más común de los bioconservadores a los transhumanistas es «los transhumanistas son totalitarios y anti-democráticos».

David Livingstone (2015), es un severo crítico del transhumanismo, pero luego de cavilar en varias de sus premisas—incluyendo una larga introducción a *teorías* conspirativas y utilizar del saque el *argumento nazi*—opté por simplemente exponer aquí sus premisas importantes. Su enfoque histórico forma un sinnúmero de gacetillas al estilo de *Simulacra and Simulation*, gacetillas que describen un origen histórico y filosófico del transhumanismo. Como tiene que describir una *gran historia* conceptual, está obligado a hablar de magia, religión, la ilustración, darwinismo, cábala, rosicrucianismo, entre otros conceptos aparentemente inconexos (pero no en su análisis). Si se va a partir de que el transhumanismo es un tipo de doctrina—o en lenguaje de Sloterdijk, un tipo de ejercicio— entonces el relato del origen conceptual según Livingstone es importante. Aunque en la modernidad la ciencia y la religión han estado separadas, en la mayoría de la historia humana no ha sido así. Inclusive, partiendo de la premisa de Sloterdijk, el ejercicio religioso no ha muerto.

Según Livingtone, la forma religiosa del transhumanismo tiene su origen en el ocultismo.

Haciendo un recuento de la cábala, Livingstone propone que de esas ideas paganas surge el transhumanismo. Por ejemplo, el golem es un arquetipo de robot (aunque pasa por alto la figurilla de barro en las rúbricas egipcios que son creadas para hacer el trabajo del difunto en el más allá). La magia, en su definición más básica, es el control de las fuerzas de la naturaleza a través de ritos (Livingstone 2015; Frazer, 2017). Ergo, el transhumanismo es heredero de prácticas que buscan el dominio de la naturaleza—como Prometeo dándole fuego a los humanos; o su versión cristiana, Lucifer (latinización de Venus), la serpiente, dándole el fruto de la ciencia del bien y el mal a los humanos.

Recalco dos cosas: (1) Livingstone es creyente, aunque no de manera tradicional, y creer o no en Dios no es importante en múltiples aspectos y, (2) es antievolucionista, tachando el darwinismo con el estribillo clásico de que es «just a theory» y que para creer en ello se necesita fe (Livingstone 2015).

Es por ello que coloco el énfasis sobre la precaución a la hora de interpretar este texto. Su inclinación histórica puede ser iluminadora, pero su análisis puede caer en lo *conspirativo* y su metafísica en lo puramente cotidiano.

2. Contexto histórico: Política estadounidense a comienzos del siglo XXI y origen del partido transhumanista

Aquí profundizaré tanto en los orígenes del Partido Transhumanista como el contexto político de la política estadounidense respecto a lo discutido por los transhumanistas.

En términos transhumanistas, el año 2000 marca un hito histórico: es el año en el que se decodifica el genoma humano. El año 2015 marca otro hito histórico: el año en el que los chinos diseñan el primer embrión humano (aunque posteriormente es eliminado).

2.1. Política estadounidense en el siglo XXI

El contexto político actual existe imbricado en una cultura de pérdida de la objetividad. En los medios y en la política se vive en un mundo postfactual, donde ahora nadie pretende objetividad y quién la busque debe también ser más persuasivo que antes.

También existe la política de lo global. Hoy se hace política a nivel planetario. *Ergo*, el nacionalismo puede ser más fuerte. Los republicanos actuales buscan un nacionalismo más afianzado. Los demócratas liberales buscan mayor globalización y regulación. Los transhumanistas también buscaban mayor globalización, o por lo menos soluciones que puedan funcionar a nivel global. En un debate de Zoltan Istvan en InfoWars se puede ver esa dicotomía al igual que el contraste bioludita-transhumanista, cristiano-ateo, gobierno limitado vs. expansionismo federal (The Alex Jones Channel 2015).

Por eso que mi sospecha es que el transhumanismo sigue muy cargado ideológicamente, aunque sus datos sean ciertos. Por ejemplo, el crecimiento exponencial propuesto por Ray

Kurzweil es un método predictivo muy eficaz, pero eso es si se tiene una visión instrumentalista del mundo; la ingeniería no es la única disciplina existente.

Según el análisis de James Hughes (2004), la política estadounidense a comienzos del siglo XXI se distingue para los transhumanistas en una ola de propuestas políticas en contra de ideales transhumanistas. Impedían el aborto y experimentaciones biotecnológicas. Dos frentes se unieron: por un lado, los pensadores de izquierda que estaban en contra de asuntos biotecnológicos porque esto implicaba un control de los medios de producción y era muestra de la avaricia capitalista. Por el otro, los republicanos y conservadores que con el discurso judeocristiano afirmaban la pureza natural del hombre hecho por Dios. De hecho, Francis Fukuyama (2003), un reconocido conservador ilustrado anti-transhumanista, argumentó que el hombre se distingue por poseer el etéreo *factor X*, una característica que, aunque él admite no saber exactamente cuál es, define lo que es ser humano, y cambiar la naturaleza humana implica cambiar ese *factor X*.

Durante el comienzo de la presidencia de George W. Bush se hizo un comité de bioética, The President's Council on Bioethics (PCBE). Dicho comité mantenía al tanto al presidente de las implicaciones bioéticas de los avances científicos o tecnologías de vanguardia. Barack H. Obama también instaló su propio comité de bioética para atender los mismos asuntos.

La comisión de bioética estuvo compuesta

por varios profesionales de la salud y bioeticistas, entre ellos los reconocidos Leon Kass y Francis Fukuyama (Bioethics Research Library 2019).[9] Es evidente que el enfoque político del comité de bioética iba acorde con el Partido Republicano y las políticas bioéticas en ese tiempo fueron punto de debate y enfrentamiento para los socialmente liberales. Publicaron informes públicos con el objetivo de educar sobre los problemas de bioética actuales.

Militarmente, y también bajo el mandato de Obama, la tecnología contemporánea fue utilizada por el gobierno estadounidense para motivos de seguridad nacional, como los drones y la vigilancia de mensajes de textos y llamadas por parte de la NSA (Currier 2013; Purkiss y Serle

---

[9] Edmund D. Pellegrino, M.D. – presidente (chairman) (2005–2008); Leon R. Kass, M.D., Ph.D. – presidente (chairman) (2001–2005); Ben Carson, M.D.; Rebecca S. Dresser, J.D., M.S.; Daniel W. Foster, M.D.; Michael S. Gazzaniga, Ph.D.; Robert P. George, J.D., D. Phil; William B. Hurlbut, M.D.; Charles Krauthammer, M.D.; Peter Augustine Lawler, Ph.D.; Paul McHugh, M.D.; Gilbert C. Meilaender, Ph.D.; Janet D. Rowley, M.D.; Diana J. Schaub, Ph.D.; Alfonso Gomez-Lobo, Dr. Phil.; Elizabeth H. Blackburn, Ph.D. (2002–2004); Stephen L. Carter, J.D. (2002); Francis Fukuyama, Ph.D. (2002–2005); Mary Ann Glendon, J.D., M.Comp.L. (2002–2005); William F. May, Ph.D. (2002–2004); Michael J. Sandel, D.Phil. (2002–2005); James Q. Wilson, Ph.D. (2002–2005); F. Daniel Davis, Ph.D. - director ejecutivo (2005–2009); Dean Frazier Clancy – director ejecutivo (2001–2004); Yuval Levin – director ejecutivo (2004–2005); Richard Roblin, Ph.D. – director científico (2001–2005), director ejecutivo en funciones (2005); O. Carter Snead – consejo general (2003–2005).

2017).[10]

El gobierno estadounidense en esos años buscaba regular investigaciones con células madre embrionarias, abortos y eutanasia. Las regulaciones para la modificación de la vida siguen siendo foro de debate. En 2016 salió a la luz pública una pequeña controversia sobre la regulación de lo que se conocen como *quimeras*, que son organismos modificados genéticamente con genes humanos. Fue controversia nacional por el uso de genes humanos inyectados en el cerebro de ratones, los cuales tuvieron una mayor capacidad cognitiva que los ejemplares de su especie.

Como consecuencia, en Estados Unidos hubo mucha regulación en las investigaciones científicas, regulaciones que se pueden ver hasta hoy. Es, por ende, imperativo ver al Partido Transhumanista como un agente que intenta crear una coyuntura en esta situación política actual.

2.2. Origen del Partido Transhumanista

En general, una de las temáticas en juego en la política contemporánea es el federalismo estadounidense y sus regulaciones. Por ende, dos asuntos salen a la luz por parte del

---

[10] Es importante notar que algunos transhumanistas ven beneficiosamente la recopilación de datos a gran escala (*big data*) como una manera de sacar conclusiones a problemas macros. Para ellos, al igual que la NSA, ese tipo de recopilación de datos no interviene con la privacidad de las personas.

transhumanismo: (1) La libertad morfológica como una nueva enmienda y, (2) una nueva agencia para el control de la inteligencia artificial.

Sobre esto se expondrá más en el siguiente en la parte 3.

Este partido fue creado por Zoltan Istvan luego de 2015. Se crea un Partido Transhumanista en Estados Unidos con el objetivo de llevar el mensaje transhumanista a las masas. Aunque mundialmente existen millones de personas que se identifican con las metas transhumanistas, lo primordial para el partido es llevar el mensaje. Ganar alguna posición política es, por lo tanto, algo que pasa a segundo lugar. Otro objetivo del partido es crear un Partido Transhumanista Mundial con el objetivo de que exista representación transhumanista si se llega a implantar un gobierno mundial.

3. Zoltan's transhuman evangelism: política transhumanista y elecciones de 2016

We are the gods now.[11]
—Jason Silva, *We are the Gods Now*
We are gods with anuses.[12]
—Ernest Becker, *The Denial of Death*
Once out of nature, I shall never take
My bodily form from any natural thing
But such a form as Grecian goldsmiths make.[13]
—W. B. Yeats, *Sailing to Byzantium*

Aquí se discutirán a fondo dos asuntos: primero, la política transhumanista a completud. Y segundo, la política transhumanista luego de las elecciones en 2016.

La doctrina propuesta por Zoltan Istvan podría formar parte del retrato que crea Peter Sloterdijk (2012). Quizá se debió poner al lado de la doctrina nietzscheana o de la Cienciología. Se trata de otro tipo de ascesis, un tipo de ejercicio aplicado para vivir una vida. En este caso, el ejercicio es en aras de crear un universo posthumano, el ejercitar la apuesta transhumanista hasta su última consecuencia: vivir para siempre o morir en el intento. Esta nueva fuerza de vivir tiene el mismo ímpetu religioso de cualquier cristiano, pero ahora se manifiesta en un mundo luego de pronunciarse el famoso *Dios ha muerto*. A los asesinos de Dios lo que les queda

---

[11] Mi traducción: «Somos los dioses ahora».

[12] Mi traducción: «Somos dioses con anos».

[13] Mi traducción: «Una vez fuera de la naturaleza, nunca tomaré
Mi forma corporal desde cualquier cosa natural
Pero tal forma como hacen los orfebres griegos».

es seguir viviendo.

El transhumanismo, por ende, puede verse ahora como una nueva doctrina política que surge en un tiempo casi oportuno. Si en el siglo pasado surgió el *New Deal* y la economía keynesiana, quizá ahora lo que está comenzando a surgir es una expansión del Estado de Bienestar. Bernie Sanders, por ejemplo, intenta promover un plan de salud y educación gratis, pero persiste en usar un viejo lenguaje de *clases* y una política de impuestos tan progresiva que parecería discriminar a los ricos al proponerles un *tax rate* de 90%.

Zoltan Istvan, como un ser ejercitante, practica la ascesis desespiritualizada de la apuesta transhumanista: la apuesta de querer vivir indefinidamente. La acrobacia no es una que pone en riesgo a la vida misma, pero de ello emerge una nueva tanatología.[14] El posicionamiento transhumanista tiene como dirección acrobática el *uber*,[15]

---

[14] Curiosamente, antes de que Zoltan Istvan se convirtiera en el filósofo-candidato de hoy, practicaba un arte que él mismo invento y que se puede considerar acrobático y retador de la vida misma: el *volcano-boarding*. Consiste en lo que su nombre insinúa: deslizarse en descenso sobre una tabla de *boarding* en un volcán en erupción. Y hablando mnemotécnicamente, quienes hayan leído *Has de cambiar tu vida* en la parte de L. Ron Hubbard y recuerden su famoso libro *Dienetics* también recordarán una imagen volcánica, la cual supuestamente buscaba evocar el interés en la parte más recóndita de nuestro ser, en nuestro *tetans*.

[15] Sloterdijk enumera, en el capítulo *Psicología de lo superior. La doctrina de la procreación ascendente y significado del prefijo «uber»*, algunos conceptos del siglo XIX que siguen esta dirección vertical: superestructura y sobreproducción; superconsumo; supervivencia; superhombre; super-yo; sobrecompensación; super-espíritu y supramental;

pero trabaja en una dirección inversa a una importante tesis nietzscheana: no se acepta el *amor fati*. Como nueva tanatología, el transhumanismo reta el designio evolutivo de la muerte. Mientras que las antiguas doctrinas religiosas resolvían todo esto con la doctrina de lo verdaderamente trascendente.

La doctrina transhumanista vino luego del *Dios ha muerto*. Ergo, la trascendencia que se busca es inmanente. Este argumento sirve como pie forzado para sugerir que la doctrina política de Istvan busca, en mayor o menor medida, adelantar en el plano político lo que ya se ha ido manejando en el plano privado y de las grandes empresas. Esto recuerda brevemente al ingeniero Hugo de Garis, que trabajó en Japón (con fondos japoneses) en la creación de un cerebro artificial. De Garis luego batalló para tratar de seguir recibiendo fondos para su ambicioso proyecto.

Los puntos de encuentro entre el Partido Transhumanista y los partidos tradicionales de Estados Unidos (*i.e.* el Partido Republicano y el Partido Demócrata), al igual que algunos partidos minoritarios, es que todos esos partidos creen en la democracia, la libertad individual y la búsqueda de la felicidad, algo que está imbricado en el derecho estadounidense. Los puntos de desacuerdo son variopintos. Obviamente, la implementación de estos derechos fundamentales crea conflicto, y con ello la diversidad de maneras de entender el asunto. Por ejemplo, para el Partido Transhumanista la libertad individual es muy fundamental,

---

respectivamente de Marx, Lafargue, Darwin, Nietzsche, Freud, Adler y Aurobindo. (Sloterdijk 2012: 170).

tanto así que la *libertad morfológica* se vuelve en su voz cantante en el asunto. Igualmente, la implementación de la democracia entonces crea conflicto de intereses, porque, por ejemplo, mantener la seguridad nacional frente al desarrollo tecnológico de la IA implica regular su uso, algo por lo cual naturalmente el Partido Demócrata se sentiría más inclinado, mientras que el Partido Republicano buscaría mayor autonomía del libre mercado y menos intervencionismo gubernamental. En cuanto a afiliaciones con el Partido Libertario, Zoltan Istvan se siente más atraído hacia ellos, aunque el Partido Transhumanista tiene un rumbo peculiar y aparentemente contradictorio con las políticas libertarias.

3.1. Política transhumanista: filosofías, propuestas y elecciones de 2016

Aristóteles, el antiguo filósofo estarigita, escribió en su *Política* la siguiente afirmación:

> Porque si cada instrumento pudiera, cuando lo llamaron o cuando sintiera que convenía, hacer lo que a él le tocaba por sí mismo —como dicen que lo hacían los instrumentos de Dédalo o las ollas de tres pies de Vulcano, las cuales dice el poeta que sin llamarlas ninguno salieron de suyo a la divina contienda—, así también si los peines por sí mismos tejiesen, y la pluma por sí misma tocase la cítara, ni los oficiales tendrían necesidad de ministros, ni los señores de siervos. (Aristóteles 1934: 20).

Dos mil trescientos años después el tecnócrata Zoltan Istvan, presidente del Partido

Transhumanista, es candidato a la presidencia estadounidense. Entre sus objetivos se encuentra lo mismo que describía Aristóteles: autómatas capaces de hacer su propio trabajo. En una entrevista a Zoltan Istvan (Church 2016) se afirma que, a pesar de que las personas creen que en el futuro la mitad de los trabajos serán automatizados, también creen irónicamente que sus propios trabajos no serán automatizados. Esto, al igual que otros asuntos, es el punto de partida de Zoltan Istvan y su campaña a la presidencia de Estados Unidos en 2016.

Escribió una novela titulada *The Transhumanist Wager* (2013), la cual exponía una filosofía la cual titulaba TEF (Teleología Egocéntrica Funcionalista por sus siglas en inglés). En esta novela se puede ver a Zoltan Istvan como escritor y filósofo pre-candidato político. El contraste entre Zoltan Istvan y el protagonista de la novela, Jethro Knights, es sorprendente. Ambos tuvieron una experiencia importante que les cambió la vida: el pisar una mina que estaba desactivada. La falsa alarma dio un giro a la búsqueda de extender la vida indefinidamente. A diferencia del Zoltan Istvan como candidato presidencial, la fuerza filosófica de Jethro Knights impulsaba (o más bien, *implicaba*) la consecuencia lógica de una imposición doctrinal transhumanista a nivel global. En la novela la doctrina debe ser así de contundente porque en ella existen unos fanáticos cristianos terroristas, *bioluditas* si se usa el concepto de James Hughes, *anti-transhumanistas* si se usa el concepto de Zoltan Istvan.

También existe, curiosamente, un cuento

corto que ilustra la posición de Zoltan Istvan sobre la inteligencia artificial. Aunque se ve ese tipo de enfoque en la novela *The Transhumanist Wager*, implícitamente visto en su curioso enfoque en la criónica y la poca muestra de robots—y ninguna muestra de inteligencia artificial—, en el cuento se muestra el miedo de enseñarle a una inteligencia artificial, como primera referencia, una Biblia, y sus desastrosas implicaciones.

El primer capítulo de la novela *The Transhumanist Wager* comienza así:

> *The Three Laws:*
> *1) A transhumanist must safeguard one's own existence above all else.*
> *2) A transhumanist must strive to achieve omnipotence as expediently as possible—so long as one's actions do not conflict with the First Law.*
> *3) A transhumanist must safeguard value in the universe—so long one's actions do not conflict with the First and Second Laws.*
> —Jethro Knights' sailing log / passage to French Polynesia (Istvan 2013).[16]

---

[16] Mi traducción:

«*Las Tres Leyes:*
> *1) Un transhumanista debe salvaguardar su propia existencia por encima de todo lo demás.*
> *2) Un transhumanista debe esforzarse por lograr la omnipotencia de la manera más conveniente posible—siempre que las acciones de uno no entren en conflicto con la Primera Ley.*
> *3) Un transhumanista debe salvaguardar el valor en el universo—mientras las acciones de uno no entren en conflicto con la Primera y la Segunda Ley.*

—Bitácora de navegación de Jethro Knights / pasaje a la Polinesia Francesa.»

Es evidente que estilísticamente Zoltan Istvan imita a Isaac Asimov y sus reglas de la robótica. Las tres reglas expuestas por Istvan en su novela intentan dan un cuerpo a su filosofía TEF. Igualmente, resultaría problemático llevar la doctrina transhumanista tal cual fue expuesta en su novela. Ergo, es notable un enfoque más democrático en su plataforma política en vez de su filosofía de corte autoritario en la novela.

Su discurso gira en torno a lo que él llama *libertad morfológica*, que se define como la libertad de cada individuo a modificarse a sí mismos. Por consiguiente, visto desde una perspectiva transhumanista, este tipo de libertad atenta contra la noción imperante de lo humano en Estados Unidos.

A continuación se puede observar el *Transhumanist Bill of Rights*, expuesto por el Partido Transhumanista y Zoltan Istvan ante el congreso estadounidense en su versión de 2015 (Istvan 2015):

> Article 1. Human beings, sentient artificial intelligences, cyborgs and other advanced sapient life forms are entitled to universal rights of ending involuntary suffering, making personhood improvements, and achieving an indefinite lifespan via science and technology.
>
> Article 2. Under penalty of law, no cultural, ethnic, or religious perspectives influencing government policy can impede life extension science, the health of the public, or the possible maximum amount of life hours citizens possess.
>
> Article 3. Human beings, sentient artificial in-

telligences, cyborgs and other advanced sapient life forms agree to uphold morphological freedom – the right to do with one's physical attributes or intelligence (dead, alive, conscious, or unconscious) whatever one wants so long as it doesn't hurt anyone else.

Article 4. Human beings, sentient artificial intelligences, cyborgs and other advanced sapient life forms will take every reasonable precaution to prevent existential risk, including those of rogue artificial intelligence, asteroids, plagues, weapons of mass destruction, bioterrorism, war, and global warming, among others.

Article 5. All nations and their governments will take all reasonable measures to embrace and fund space travel, not only for the spirit of adventure and to gain knowledge by exploring the universe, but as an ultimate safeguard to its citizens and transhumanity should planet Earth become uninhabitable or be destroyed.

Article 6. Involuntary ageing shall be classified as a disease. All nations and their governments will actively seek to dramatically extend the lives and improve the health of its citizens by offering them scientific and medical technologies to overcome involuntary ageing.[17]

---

[17] Mi traducción: «Artículo 1. Los seres humanos, las inteligencias artificiales concientes, los cyborgs y otras formas de vida sapientes avanzadas tienen derecho a los derechos universales de terminar con el sufrimiento involuntario, hacer mejoras en la personalidad y lograr una vida útil indefinida a través de la ciencia y la tecnología.

»Artículo 2. Bajo pena de ley, ninguna perspectiva

Actualmente el Partido Transhumanista tiene su versión 2.0. Esta versión incluye en su descripción una diferenciación de niveles de consciencia (Transhumanist Party 2017).

Para notar una diferencia ontológica de la libertad bastante notable, el inverso filosófico-político del transhumanismo es el anarco-

---

cultural, étnica o religiosa que influya en la política del gobierno puede impedir la extensión de la vida, la salud del público o la cantidad máxima posible de horas de vida que los ciudadanos poseen.

»Artículo 3. Los seres humanos, las inteligencias artificiales conscientes, los cyborgs y otras formas de vida sapientes avanzadas acuerdan defender la libertad morfológica: el derecho a hacer con los atributos físicos o la inteligencia (muertos, vivos, conscientes o inconscientes) todo lo que uno quiera en cuanto que no lastime a nadie más.

»Artículo 4. Los seres humanos, las inteligencias artificiales conscientes, los cyborgs y otras formas de vida sapientes avanzadas tomarán todas las precauciones razonables para prevenir el riesgo existencial, incluidos los de inteligencia artificial deshonesta, asteroides, plagas, armas de destrucción masiva, bioterrorismo, guerra y calentamiento global, entre otros.

»Artículo 5. Todas las naciones y sus gobiernos tomarán todas las medidas razonables para abrazar y financiar los viajes espaciales, no solo por el espíritu de aventura y para obtener conocimiento explorando el universo, sino como una salvaguardia definitiva para sus ciudadanos y la transhumanidad en caso de que el planeta Tierra se convierta en un planeta inhabitable o ser destruido.

»Artículo 6. El envejecimiento involuntario se clasificará como una enfermedad. Todas las naciones y sus gobiernos buscarán activamente extender dramáticamente las vidas y mejorar la salud de sus ciudadanos ofreciéndoles tecnologías científicas y médicas para superar el envejecimiento involuntario».

primitivismo, el cual ve como enemigo toda tecnología de vanguardia, y la sociedad ideal, según ellos, es la preindustrial.[18] Sus visiones de libertad difieren grandemente. Mientras los anarco-primitivistas buscan el estado más *puro* de lo humano, los transhumanistas buscan trascenderlos. El capítulo *Zoltan vs. Zerzan* del libro *The Dark Net* es muy ilustrativo de ello, al igual que el libro *The Artilect War* de Hugo de Garis.

Curiosamente, también aboga por un gobierno global. Se puede observar en su intento de crear un partido transhumanista mundial. Esta querencia contrastaba grandemente con los debates de los partidos tradicionales (*i.e.* republicanos y demócratas) sobre lo que es la identidad norteamericana e, incluso, el resurgimiento de un sentimiento anti-globalizante por parte de la derecha republicana.

Cabe destacar que Zoltan Istvan utiliza la palabra *evangelism* (*evangelización*) en su página principal como candidato a la presidencia. Esta palabra cristiana significa *buena nueva*, es decir, las buena y nueva noticia de que llegó el Mesías Sal-

---

[18] Debido al límite de espacio de este escrito, puedo referenciar rápidamente al lector a un anarco-primitivista muy reconocido en la cultura popular: el Unabomber (cuyo nombre real es Ted Kaczynski. Los *baby boomers* recordarán el circo mediático que provocaron sus ataques terroristas y luego su afamado escrito, que propomovía su filosofía en contra de la civilización, titulado *The Unabomber Manifesto: Industrial Society and its Future*. Actualmente, un proponente bastante reconocido del anarco-primitivismo es John Zerzan, quién inclusive debatió su postura filosófica con Zoltan Istvan.

vador, Jesucristo, quién se sacrificó en la cruz por nuestros pecados. Esa palabra es inherentemente religiosa, pero direccionada hacia el transhumanismo, el *transhuman evangelism* es la buena nueva del transhumanismo, la noticia de que tenemos la ciencia y tecnología para orientarnos a un universo posthumano. Esto nos lleva a suponer que dentro de todo el asunto de la candidatura y la postura transhumanista hay también una dimensión que podemos destacar utilizando el concepto antropotécnica: la candidatura como ejercicio ascético para lograr una importante misión.

Zoltan Istvan	Jethro Knights
Globalista (política global)	Globalista (política global)
Experiencia de vida o muerte que cambió su vida	Experiencia de vida o muerte que cambió su vida
Libertario que se cede a la expansión del gobierno para evitar riesgos existenciales	Filósofo que luego se convierte en dictador benevolente (y al final permite un gobierno democrático)

Tabla 1.3: Relación ideológica entre Zoltan Istvan y el protagonista de su novela *The Transhumanist Wager*, Jethro Knights.

Si se contrasta el Partido Transhumanista con otros partidos en Estados Unidos, el contraste es evidente: los partidos tradicionales persisten con unas nociones políticas y económicas que a veces no se acomodan a lo contemporáneo, inclusive en su ala más liberal. Por ejemplo, el candidato demócrata Bernie Sanders persistía en educación y planes de salud gratis, pero su lenguaje era uno que evocaba diferencia de clases (una jerga que es más acorde con el siglo pasado). El ahora presidente Donald J. Trump, cuando era candidato, abogaba por medidas económicas que recordaban, a veces, a Ronald Reagan. Ese tipo de medidas (o sea, crear miles y miles de empleos americanos) no va acorde con las expectativas del avance tecnológico: muchos de esos trabajos se perderán en las próximas décadas, pero probablemente esos empleados creen que sus trabajos seguirán existiendo de aquí a cincuenta años. Según datos de Pew Research Center (Lugo et al 2013) dos tercios de los estadounidenses que están trabajando a tiempo completo o a tiempo parcial creen que de aquí a cincuenta años muchos trabajos serán reemplazados por computadoras y robots (15% definitivamente, 50% probablemente, 15% probablemente no, 7% definitivamente no), pero inversamente la mayoría también cree que en cincuenta años todavía existirán sus propios empleos o profesiones (36% definitivamente, 44% probablemente, 12% probablemente no, 6% definitivamente no).

Por consiguiente, considero que el esfuerzo transhumanista en la política estadounidense es prematuro. Siguiendo su ideal de libertad, igualdad y búsqueda de la felicidad permita, como última consecuencia lógica lo que es el *transhumanismo*, es más fácilmente asequible a través del libre mercado o esfuerzos de diferentes compañías.

Políticamente el partido fue un fracaso. No logró llegar a todas las papeletas. Según *The Green Papers 2016 General Election* (2017), Istvan recibió 19 votos en Florida, 76 en Nueva York, con un total de 95 votos nacionalmente. Zoltan Istvan se percató de que influir en la política es más fácil si se tiene a un tercer partido que sea estable. Ello provocó que Istvan se mudara al Partido Libertario (Libertarian Party) como candidato a gobernador de California en 2018.

3.2. Un pequeño cambio: Política transhumanista luego de las elecciones de 2016

Luego de las elecciones en 2016, Zoltan

Istvan se percató de lo difícil que es hacer política estadounidense contra dos partidos dominantes. Claro está, su intención primordial no era ganar, pero sí que se percató de lo difícil que es ser un partido novedoso en la política estadounidense.

Por ende, luego de las elecciones en 2016 para la presidencia de los Estados Unidos, Istvan decidió una táctica distinta: correr como candidato para la gobernación en California en 2018. Es evidente que ahora, al ver cómo funciona el sistema electoral, ve más ventajoso unirse a un partido que tiene una mejor plataforma.

3.3. Política Transhumanista luego de 2017

Después de la campaña presidencial en 2016 y con la experiencia de la maquinaria política estadounidense, Zoltan Istvan se lanzó a una candidatura a la gobernación de California en 2018 por el Partido Libertario.

Mientras tanto, el Partido Transhumanista sigue en acción, mejorando sus propuestas y *Bill of Rights*, al igual de que siguen en la promoción del ideal transhumanista.

Conclusión

Los estadounidenses todavía no le dan la importancia necesaria a los asuntos que les interesan a los transhumanistas. A pesar de que existen varias problemáticas de política pública, es necesario entender que quizá en el futuro se le dé la importancia que merecen, pues a fin de cuentas las problemáticas aquí trabajadas son subproducto de otras que son de interés general: sobrecalentamiento global, aborto, educación, modificaciones genéticas—*i.e.* las famosas *quimeras*—(Stein 2016), regulación de la IA, trabajos, entre otras.

El Partido Transhumanista se posiciona en la derecha libertaria, con formas pragmáticas de crear agencias y regulaciones que lo colocan en el lado más autoritario o centrista del espectro político. El Zoltan Istvan que es escritor de ficción y tratados filosóficos se diferencia del Zoltan Istvan político. Al insertarse en la política americana también se distinguió por buscar el pragmatismo político, aunque irremediablemente fracasó más de lo previsto en cuanto a la aseguración de un legado político (salió en pocas papeletas electorales). Sin embargo, es evidente que fue exitoso en la *evangelización* de su doctrina, aunque la política americana no está cien por ciento preparada para los debates puestos en escena—el eje de Z en el nuevo cubo político es desconocido para la mayoría de los estadounidenses. El propósito de Zoltan Istvan y su partido debe ser evidente: la potenciación o perfeccionamiento de lo humano a través de ciencia y tecnología. Aunque esta premisa es compartida por todos los transhumanistas, la práctica política de ellas es asunto de debates entre los transhumanistas. Ergo, para el Partido Transhumanista esto se consigue a través de la creación de derechos para posibles consciencias a nivel humano y posthumano y la creación de una agencia sobre IA para la regulación ellas y prevención de *riesgos existenciales.*

Por otro lado, el Partido Transhumanista sigue ejercitando su plataforma transhumanista.

Quiero dejar en claro lo siguiente: (1) Es evidente que el Partido Transhumanista está lejos de ser una fórmula ganadora o un provocador de cambio radical en la política estadounidense, y (2) se puede atisbar que Zoltan Istvan verdaderamente está buscando una fórmula ganadora, esta vez utilizando un tercer partido bastante reconocido que también está cercano a sus bases filosóficas y políticas.

También queda claro que quizá un tercer partido no tenga la capacidad de ganar una posición en la legislatura o poder ejecutivo estadounidense, pero quizás algunas de sus propuestas sean absorbidas por el partido republicano o demócrata.

El debate sobre el *mejoramiento humano* es uno que se debe hacer ya. Como se expone como punto argumentativo en el clásico filme *Jurassic Park*: «Your scientists were so preoccupied with whether or not they could, they didn't stop to think if they should».[19]

---

[19] Mi traducción: «tus científicos estaban tan preocupados por si podían o no, que no se detuvieron a pensar si deberían».

EL PARADIGMA DE LA INFORMACIÓN

El transhumanismo es una postura filosófica o ideología que se enfoca en el uso de ciencia y tecnología para superar los límites biológicos de la condición humana, entre los cuales se encuentra la muerte. Claro está, sobre el tema se han escrito un sinnúmero de artículos y libros. Sin embargo, en esta monografía tiene como propósito el estudio de la perspectiva científica que asumen los transhumanistas.

Para ello, resumiré el contenido del libro *Programming the Universe*, escrito por Seth Lloyd, un físico. En segunda instancia se comparará el contenido del texto con la teorización transhumanista de Ray Kurzweil para así, en última instancia, entender la perspectiva mecanicista y probabilista del transhumanismo.

1. Programming the Universe: A Quantum Computer Scientist Takes on the Cosmos

El libro *Programming the Universe*, escrito por Seth Lloyd, comienza arguyendo que el universo se puede entender a través de la teoría de la información. Afirma que el paradigma de la información no pretende reemplazar el paradigma de la física, sino complementarlo. Lloyd hace una breve descripción de lo que es la información, la explicación de componentes lógicos de las computadoras y su importancia para explicar una nueva analogía del universo utilizando como punto de partida la información. En última instancia, para Lloyd el universo es una computadora cuántica. Así lo describe más tarde en el libro:

> A quantum computer that simulated the universe would have exactly as many qubits as there are in the universe, and the logic operations on those qubits would exactly simulate the dynamics of the universe. Such a quantum computer would be a physical embodiment of the Marquis Pierre-Simon de Laplace's demon: it would simulate the behavior of the universe as a while. Such a quantum computation would constitute a complete description of nature, and so would be indistinguishable from nature. Thus, at bottom, *the universe can be thought of as a performing a quantum computation*. Likewise, because the behavior of elementary particles ca be mapped directly onto the behavior of qubits interacting via logic operations, *a simulation of the universe on a quantum computer is indistinguishable from the universe itself.*
>
> The conventional view is that the universe is nothing but elementary particles. That is true, but it is equally true that the universe is nothing but bits —or rather, nothing but qubits. Mindful that if it walks like a duck and quacks like a duck the it's a duck, from this point on we'll adopt the position that since the universe registers and processes information like a quantum computer and is observationally indistinguishable from a

quantum computer, then it *is* a quantum computer. (Lloyd 2006: 154).[1]

La primera parte del libro es dedicada a la explicación del universo desde la física para así montar un puente entre la física y la información para entonces generar una explicación del universo en base a bits. Su afirmación se basa en que la primera y segunda ley de la termodinámica, que se estudia en física, son elementos importantes para entender el universo en base a bits. La primera ley de termodinámicas afirma que la

---

[1] Mi traducción: «Una computadora cuántica que simulara el universo tendría exactamente tantos qubits como hay en el universo, y las operaciones lógicas en esos qubits simularían exactamente la dinámica del universo. Dicha computadora cuántica sería una encarnación física del demonio del marqués Pierre-Simon de Laplace: simularía el comportamiento del universo por un tiempo. Tal cálculo cuántico constituiría una descripción completa de la naturaleza, y por lo tanto sería indistinguible de la naturaleza. Por lo tanto, en el fondo, *se puede pensar en el universo como una realización de un cálculo cuántico.* Del mismo modo, debido a que el comportamiento de las partículas elementales puede asignarse directamente al comportamiento de los qubits que interactúan a través de operaciones lógicas, *una simulación del universo en una computadora cuántica es indistinguible del universo mismo.*

»La postura convencional es que el universo no es más que partículas elementales. Eso es cierto, pero es igualmente cierto que el universo no es más que bits —o más bien, nada más que qubits. Teniendo en cuenta que si camina como un pato y grazna como un pato, es un pato, a partir de este punto adoptaremos la posición de que el universo registra y procesa la información como una computadora cuántica y es indistintamente observable de una computadora cuántica, entonces *es* una computadora cuántica.»

energía se conserva. La segunda ley de termodinámica postula la existencia de entropía. El autor, por ende, argumenta que esa ley no solamente necesita de energía (explicación desde la física), sino de la información (explicación desde la teoría de información).

Explica el autor que la primera y segunda ley de termodinámicas, aunque primero fueron entendidas a través de la física, la teoría de información las complementa y da una mejor explicación del universo. Bajo esta nueva conceptualización el universo se puede entender como una supercomputadora cuántica. Esto implica también que las operaciones lógicas básicas de la computación (*i.e.* AND, OR, NOT y COPY) se pueden utilizar para entender el universo. Lloyd también destaca la naturaleza contraintuitiva de la mecánica cuántica, pero que aun así puede ser entendida bajo el paradigma de la información.

Una partícula, bajo el paradigma de la información, puede ser entendida como un bit. Por ende, cada proceso del universo depende de la configuración anterior, de la información anterior. Por la segunda ley de termodinámicas el universo va de un estado más ordenado a un estado menos ordenado, lo que implica que hay entropía. Si hay entropía entonces, cuando hay más desorden, más información es necesaria para conocer la configuración de ese estado.

Igualmente, se describe en el texto nociones básicas sobre la mecánica cuántica. Por ejemplo, la afirmación de que la luz se comporta como partícula y como onda. Esa característica (que una partícula se comporta como onda y la onda como partícula) sigue siendo importante para entender el microcosmos, puesto que las mediciones que se hagan de las partículas nunca van a tener toda la información necesaria de ese estado. Se puede saber el todo de un sistema, pero las partes siempre quedan indeterminadas, mientras que en las nociones de la física clásica el conocimiento del todo también determinaba el conocimiento de las partes.

Lloyd arguye que la primera descripción del universo como computación se puede observar en el famoso cuento de Isaac Asimov *The Last Question*. Sin embargo, también afirma que la manera actual de entender el universo se basa en el mecanicismo:

> The conventional picture of the universe in terms of physics is based on the paradigm of the universe as a machine. Contemporary physics is based on the mechanistic paradigm, in which the world is analyzed in terms of its underlying mechanisms; in fact, the mechanistic paradigm is the basis for all of modern science. (Lloyd 2006: 168).[2]

En el último capítulo, Lloyd se dedica a definir lo que es la complejidad y su importancia. Para él no existe una sola definición de *complejidad*

---

[2] Mi traducción: «La imagen convencional del universo en términos de física se basa en el paradigma del universo como una máquina. La física contemporánea se basa en el paradigma mecanicista, en el cual el mundo se analiza en términos de sus mecanismos subyacentes; de hecho, el paradigma mecanicista es la base de toda la ciencia moderna.»

y trata, para efectos del libro, de hacer una definición de complejidad para describir el universo como computadora cuántica (o puesto de otra manera, utiliza una definición de *complejidad* que sea útil en ingeniería y física). Una computación no es más compleja que su output. Utiliza la definición de *complejidad efectiva*, la cual se refiere a la regularidad que se encuentra en la complejidad. Por ejemplo, un avión es algo complejo, pero su *complejidad efectiva* es el plano (*blueprint*) que existe para diseñar el avión. Los ingenieros utilizan el plano para saber la forma del avión, la masa, componentes y volumen necesarios para construir el avión, pero no describe las partículas que existen en el avión.

El autor finaliza haciendo una descripción del universo basada en su modelo computacional desde el Big-Bang hasta la formación de la civilización humana (el cual, grosso modo, es idéntico a la descripción que se hace desde la física, con la particularidad de que lo describe utilizando la jerga computacional para describir los fenómenos de mecánica cuántica).

Llegando casi al final de su escrito, Lloyd dice:

Science has an uncomfortable way of pushing human beings from center stage. In our pre-scientific stories, humans began as the focal point of Nature, living on an Earth that was the center of the universe. As the origins of the Earth and of mankind were investigated more carefully, it became clear that Nature had other interests beyond people, and the Earth was less central than previously hoped. Humankind is just one branch of the great family of life, and the Earth is a smallish planet orbiting an unexceptional sun quite far out on one arm of a run-of-the-mill spiral galaxy.

We are, nonetheless, unique (as are bacteria; as are elm trees). What makes us unique is information —the bits of DNA that join us to monkeys, and the habits of language and thought that separate us from them. There is no separate substance, no *vis vitae* or vital force, that makes us living, breathing human beings. We are made of atoms, like everything else. It is the way that those atoms process information and compute in concert that makes us what we are. We are clay, but we are *computational* clay. (Lloyd 2006: 210).[3]

---

[3] Mi traducción: «La ciencia tiene una manera incómoda de empujar a los seres humanos fuera del centro del escenario. En nuestras historias científicas, los humanos comenzaron como el punto focal de la Naturaleza, viviendo en una Tierra que era el centro del universo. A medida que los orígenes de la Tierra y de la humanidad fueron investigados más cuidadosamente, se hizo evidente que la Naturaleza tenía otros intereses más allá de las personas, y que la Tierra era menos central de lo que se esperaba anteriormente. La humanidad es solo una rama de la gran familia de la vida, y la Tierra es un planeta pequeño que orbita alrededor de un sol excepcional en un brazo de una galaxia espiral corriente.

»Somos, sin embargo, únicos (como son las bacterias; como son los olmos). Lo que nos hace únicos es la información: los fragmentos de ADN que se unen a los monos y los hábitos de lenguaje y pensamiento que nos separan de ellos. No hay una sustancia separada, ni *vis vitae* ni fuerza vital, que nos hace vivir, respirar seres humanos. Estamos hechos de átomos, como todo lo demás. Es la forma en que esos átomos procesan la información y computan en concierto lo que nos hace lo que somos. Somos arcilla, pero

En resumidas cuentas, es importante entender que *Programming the Universe* es un texto de ciencia popular, de vulgarización de la ciencia. Por consiguiente, en el texto se discuten muchas ideas a modo general. Entre las ideas discutidas más importantes están la mecánica cuántica y la ciencia de cómputos. No obstante, los usos de diferentes conceptos aparentemente incompatibles hacen que la lectura se perciba como algo demasiado genérico y pocamente discutido, ya que muchas de esas ideas son discutidas en otros libros de ciencia popular en mayor profundidad. No obstante, en el siguiente subtema se discutirá la importancia del paradigma de la información y se analizará junto al trabajo de Ray Kurzweil, que en su trabajo profundiza más en dicho paradigma y se convierte de vital importancia para el transhumanismo.

2. Importancia del paradigma de la información para el transhumanismo

En el transhumanismo se puede ver el uso de la teoría de la información en la ley de rendimientos acelerados, ideada por Ray Kurzweil. La misma postula que la información se duplica en cada iteración. Por *información* se entiende no solamente a los memes,[4] sino a los

---

somos arcilla *computacional*.»

[4] Un meme es una unidad de información que se reproduce de cerebro a cerebro, al igual que los genes se pasan de generación en generación a través del acto sexual. El concepto *meme* fue ideado por el evolucionista y famoso ateo Richard Dawkins en su libro *The Selfish Gene*.

genes. Bajo esta perspectiva la teoría de la evolución no es meramente biológica, sino informática.

Las nociones descritas en el texto *Programming the Universe* resultan ser necesarias para describir las teorizaciones de Ray Kurzweil. Partiendo de la premisa de que el universo se puede entender a través de la teoría de la información, la ley de rendimientos acelerados descrita por Ray Kurzweil cobra sentido: la información se duplica porque depende del estado anterior. Ello quiere decir que hay un crecimiento exponencial de la información.

El libro *Programming the Universe* es importante es dos sentidos. Por un lado, describe el paradigma de la información. Por el otro, describe la mecánica de una computadora cuántica, la cual resulta importante para la siguiente generación de computadoras. Una computadora cuántica es capaz de hacer computaciones impensables bajo la computación clásica. Problemas que tardarían millones de años en resolver son capaces de resolverse en una computadora cuántica por menos tiempo. El truco está, y como ya he mencionado en el subtema anterior, en la mecánica cuántica: las partículas se comportan como ondas y las ondas se comportan como partículas. Las partículas pueden estar en dos estados al mismo tiempo. Por ejemplo, en la computación clásica se utilizan ceros y unos para computar (dicho de otra manera, un sistema binario). Un cero o un uno es un bit. Una computadora cuántica es capaz de tener una partícula que es un bit que marca a la misma vez ceros y unos. A esto le llaman un qubit. La naturaleza cuántica del universo hace muy difícil hacer predicciones a largo plazo. Hasta existe una rama de las matemáticas dedicada a lo que se conoce como las matemáticas del caos.

El transhumanismo se entiende mejor desde la lógica de la ley de rendimientos acelerados, ideada por Ray Kurzweil. Dicha ley afirma que el avance tecnológico es acumulativo y exponencial, de la misma manera que las características más favorables de una especie son pasadas de una generación a otra a través de pequeñas mutaciones, y cuyo devenir evolutivo crea un *progreso exponencial.*

Las tecnologías computacionales avanzan a pasos exponenciales. Cualquier teléfono inteligente de hoy tiene más poder computacional que el Apolo XI (Puiu 2015). De hecho, Ray Kurzweil argumenta que un teléfono inteligente es un millón de veces más pequeño, un millón de veces más barato y cuarenta veces más potente que una supercomputadora de los años sesenta.

Además de ello, hay un concepto de vital importancia para los transhumanistas: la singularidad tecnológica. La singularidad tecnológica es el momento de la historia futura donde la inteligencia artificial sobrepasa el conglomerado de la inteligencia colectiva del ser humano. La posibilidad de este suceso se valida bajo la ley de rendimientos acelerados. La ley postula que el progreso tecnológico en la historia es exponencial, lo cual crea una rápida y acelerada expansión de los conocimientos tecnológicos. Un ejemplo de ello es la ley de Moore.

La singularidad tecnológica marca una ruptura en la historia humana. Por eso es pertinente pensar en las implicaciones de ello, inclusive cuando las posibilidades de esta sean remotas. Una ruptura en la historia de la humanidad implica pertenecer a una historia dialéctica donde se le da muerte a lo humano para dar paso a lo transhumano. Damos muerte a lo humano para dar cabida a los cyborgs, a las inteligencias artificiales, a la modificación genética, entre otros aspectos.

Para Ray Kurzweil es importante entender el universo desde el paradigma de la información, pues gracias a ello pudo desarrollar textos como *The Age of Spiritual Machines*. En este controversial texto Kurzweil predice el avance de la tecnología para los próximos cien años basándose en el crecimiento exponencial que ha tenido la tecnología hasta el momento presente. Aunque el futuro es bastante impredecible, el paradigma de la información permite que algunas variables en el universo se puedan analizar bajo la ley de rendimientos acelerados y predecir el crecimiento exponencial de ello si se mantienen ciertas condiciones. Por ejemplo, la ley de Moore sigue vigente en tanto y en cuanto la creatividad humana siga creando nuevos transistores. La ley postula que los procesadores de computadora se duplicarán en efectividad y disminución de tamaño cada dos años. No se puede predecir cómo se verán o que componentes tendrán los transistores de aquí a diez años, pero se puede hacer una proyección en cuanto a la cantidad de transistores.

En el ensayo *The Law of Accelerating Returns*, Kurzweil explica su ley de rendimientos acelerados, argumento principal que utiliza para validar su postura transhumanista. Curiosamente, esta ley precede conceptualmente la afamada ley de Moore. La ley de rendimientos acelerados afirma que la información se duplica en cada generación subsiguiente. Es evidente que el concepto *información* aquí se aplica tanto a la biología como al conocimiento humano, ya que aquí se parte de la premisa que el ADN contiene *información*. Este proceso sigue indefinidamente hasta que las leyes de la física impidan ese proceso.

Consecuentemente, la perspectiva epistemológica en *Programming the Universe* sigue la herencia de la ciencia moderna: el universo es algo que se puede entender si se conocen sus reglas. Desde la teoría de la evolución se puede observar perfectamente: el proceso evolutivo ha durado billones de años y no ha cesado. Sin embargo, cada generación que pasa genera más complejidad en los seres vivos. Respecto pasa el tiempo existen especies con características más complejas hasta llegar a la diversidad que se puede observar hoy. En cada avance importante hubo crecimiento exponencial evolutivo, cognitivo o tecnológico.

De la misma manera en que desde la teoría de la evolución los genes transmiten información (puesto que son unidades de información biológica), los memes también transmiten información (unidades de información mnemotécnica). Para los transhumanistas, esta nueva pieza en el juego, la capacidad de transmitir información de ser vivo a ser vivo, es importante para el avance biológico que generó al ser humano. Son los seres humanos, esas criaturas capaces de transmitir información a través del lenguaje, quienes hacen el siguiente salto evolutivo, un salto que, desde la perspectiva de Ray Kurzweil, es capaz de superar la evolución biológica (Kurzweil 1999).

Tanto Ray Kurzweil como Seth Lloyd tienen formación en ingeniería, lo cual explica sus afinidades a teorizaciones desde la teoría de la informática y su enfoque instrumentalista del universo o de lo humano. Sin embargo, el libro *Programming the Universe* da un mejor atisbo interesante del paradigma transhumanista, aun cuando su autor se dedica a la física y claramente no se ve su afinidad a posturas cyborgs o transhumanas. Es a través del paradigma de la información como se puede entender la visión mecanicista y probabilista transhumanista.

Interesantemente, mediante ese paradigma también se puede entender las nociones metafísicas de Elon Musk. Él cree en la ahora afamada hipótesis de la simulación, la cual postula que el universo es una simulación de computadora (Hern 2016). Esta hipótesis tuvo un fuerte surgimiento con el reconocido filósofo y transhumanista Nick Bostrom, quien cree fuertemente en la *hipótesis de la simulación*. Por consiguiente, estos nuevos paradigmas de la información generan nuevas creencias metafísicas. De hecho, Bostrom argumenta lo siguiente:

> This paper argues that at least one of the following propositions is true: (1) the human

species is very likely to go extinct before reaching a "posthuman" stage; (2) any posthuman civilization is extremely unlikely to run a significant number of simulations of their evolutionary history (or variations thereof); (3) we are almost certainly living in a computer simulation. It follows that the belief that there is a significant chance that we will one day become posthumans who run ancestor-simulations is false, unless we are currently living in a simulation. A number of other consequences of this result are also discussed. (Bostrom 2003).[5]

Este *trilema* no sería posible sin antes aceptar una visión del universo basada en el paradigma de la información.

Desde el advenimiento de la ciencia moderna el universo es entendido a través de las matemáticas. Lo literal está en el universo. Con el surgimiento de la computación en el siglo pasado es evidente que la información es parte de ese pa-

---

[5] Mi traducción: «Este artículo sostiene que al menos una de las siguientes proposiciones es cierta: (1) es muy probable que la especie humana se extinga antes de alcanzar una etapa "posthumana"; (2) cualquier civilización posthumana es extremadamente improbable que ejecute un número significativo de simulaciones de su historia evolutiva (o variaciones de la misma); (3) es casi seguro que estamos viviendo en una simulación por computadora. De ello se deduce que la creencia de que existe una posibilidad significativa de que algún día nos convertiremos en postumanos que ejecuten simulaciones de ancestros es falsa, a menos que actualmente vivamos en una simulación. Una serie de otras consecuencias de este resultado también se discuten.»

radigma matematicista, e igualmente influenciado por el probabilismo del siglo XIX (el cual entiende el mundo como objetos *allá afuera* que se pueden clasificar por gradaciones en vez de una distinción discreta, lo cual a su vez marca la diferencia entre positivismo y pospositivismo). Esto explica en parte por qué cada vez más se busca la unificación de diferentes ciencias, de las cuales para el transhumanismo es importante la unificación de la biotecnología, nanotecnología, ciencias cognitivas y ciencias de la información. Esta unificación de las ciencias solamente es posible si se entiende que el cosmos es entendible desde la teoría de la información. De hecho, en el reporte *Converging Technologies for Improving Human Performance*, el cual busca la unificación de la biotecnología, nanotecnología, ciencias cognitivas y ciencias de la información para resolver los problemas más importantes de la humanidad, se argumenta lo siguiente:

> For a century or more, educated people have understood that knowledge can be organized in a hierarchy of sciences, from physics as a base, up through chemistry and biology, to psychology and economics. But only now is it really possible to see in detail how each level of phenomena rests upon and informs the one below. Some partisans for independence of biology, psychology, and the social sciences have argued against "reductionism", asserting that their field had discovered autonomous truths that should not be reduced to the laws of other sciences. But now we realize that such discipline-centric propaganda is self-defeating, because

only through recognizing their connections with each other can all the sciences progress. (Roco y Bainbridge, 2003: 11).[6]

Por lo tanto, hay paradigmas que van surgiendo o resurgiendo que tienen alguna conexión con la ciencia moderna, algunos reduccionistas y otros aparentemente reduccionistas.

Conclusión

A fin de cuentas, *Programming the Universe* muestra un universo desde la perspectiva informática y esto coincide con las teorizaciones transhumanistas de Ray Kurzweil. Ambos tienen conocimientos de ingeniería y para ellos es evidente que la naturaleza debe ser entendida bajo el marco de la información, además de seguir la importante herencia de la ciencia moderna. Es a través de esa perspectiva mecanicista y probabilista del universo donde la nanotecnología, las ciencias cognitivas y la biotecnología tienen su

---

[6] Mi traducción: «Durante un siglo o más, las personas educadas han comprendido que el conocimiento puede organizarse en una jerarquía de ciencias, desde la física como base, desde la química y la biología, hasta la psicología y la economía. Pero solo ahora es realmente posible ver en detalle cómo descansa cada nivel de los fenómenos e informa al que se encuentra a continuación. Algunos partidarios de la independencia de la biología, la psicología y las ciencias sociales han argumentado en contra del "reduccionismo", afirmando que su campo había descubierto verdades autónomas que no deberían reducirse a las leyes de otras ciencias. Pero ahora nos damos cuenta de que tal propaganda centrada en la disciplina es contraproducente, porque solo a través del reconocimiento de sus conexiones pueden progresar todas las ciencias.»

unión. Es a través de esas teorizaciones donde el transhumanismo se arraiga y da sentido a la naturaleza. Sobre todo, es con el paradigma de la información donde la ley de rendimientos acelerados toma sentido y claridad.

EL NUEVO PARADIGMA DE LO POSTHUMANO: TECNOFOBIA Y TECNOFILIA

Introducción

Comenzaré remitiendo al lector a una peculiar historia escrita por Platón hace más de 2,300 años:

> SÓCRATES: Pero nos resta examinar la conveniencia ó inconveniencia que pueda haber en lo escrito. ¿No es cierto?
>
> FEDRO: Sin duda.
>
> SÓCRATES: ¿Sabes cuál es el medio de hacerte más acepto á los ojos de Dios por tus discursos escritos ó hablados?
>
> FEDRO: No, ¿y tú?
>
> SÓCRATES: Puedo referirte una tradición de los antiguos, que conocían la verdad. Si nosotros pudiésemos descubrirla por nosotros mismos, ¿nos inquietaríamos aún de que los hombres hayan pensado antes que nosotros?
>
> FEDRO: ¡Donosa cuestión! Refiéreme pues, esa antigua tradición.
>
> SÓCRATES: Me contaron que cerca de Naucratis, en Egipto, hubo un Dios, uno de los más antiguos del país, el mismo á que está consagrado el pájaro que los egipcios llaman Ibis. Este Dios se llamaba Teut. Se dice que inventó los números, el cálculo, la geometría, la astronomía, así como los juegos del ajedrez y de los dados, y, en fin, la escritura. El rey

Tamus reinaba entonces en todo aquel país, y habitaba la gran ciudad del alto Egipto, que los griegos llaman Tebas egipcia, y que está bajo la protección del Dios que ellos llaman Ammon. Teut se presentó al rey y le manifestó las artes que había inventado, y le dijo lo conveniente que era extenderlas entre los egipcios. El rey le preguntó de qué utilidad sería cada una de ellas, y Teut le fue explicando en detalle los usos de cada una; y según que las explicaciones le parecían más ó menos satisfactorias, Tamus aprobaba ó desaprobaba. Dícese que el rey alegó al inventor, en cada uno de los inventos, muchas razones en pro y en contra, que sería largo enumerar. Cuando llegaron á la escritura: «¡Oh rey! le dijo Teut, esta invención hará á los egipcios más sabios y servirá á su memoria; he descubierto un remedio contra la dificultad de aprender y retener. —Ingenioso Teut, respondió el rey, el genio que inventa las artes no está en el caso que la sabiduría que aprecia las ventajas y las desventajas que deben resultar de su aplicación. Padre de la escritura y entusiasmado con tu invención, la atribuyes todo lo contrario de sus efectos verdaderos. Ella no producirá sino el olvido en las almas de los que la conozcan, haciéndoles despreciar la memoria; fiados en este auxilio extraño abandonarán á caracteres materiales el cuidado de conservar los recuerdos, cuyo rastro habrá perdido su espíritu. Tú no has encontrado un medio de cultivar la memoria, sino de despertar reminiscencias; y das á tus discípulos la sombra de la ciencia y no la ciencia misma. Porque cuando vean que pueden aprender 'muchas cosas sin maestros, se tendrán ya por sabios, y no serán más que ignorantes, en su mayor parte, y falsos sabios insoportables en el comercio de la vida». (Platón 1871: 339-341).

De este antiguo relato quiero rescatar lo que argumenta Sócrates sobre la escritura en tanto tecnología. Arguye que la escritura, una tecnología reciente en su tiempo, haría que las personas olvidarán cosas importantes como la cultura. Esto se podría entender también como una pérdida de humanidad frente a una emergente tecnología de letras.

En el momento presente los miedos frente a la tecnología y su carácter deshumanizador no se han desvanecido. Con la emergencia de computadoras personales como los teléfonos inteligentes han resurgido los antiguos miedos, esta vez con un verdadero atisbo del porvenir sobre el desvanecimiento del paradigma de lo humano y el advenimiento del paradigma de lo posthumano. Menciono la palabra *miedo* para visibilizar a quienes tienen posturas críticas o tecnofóbicas. Sin embargo, hay posturas minoritarias que ven el asunto de lo posthumano como una especie de nueva teleología de lo humano, en la cual estamos *destinados* a siempre sobrepasar los límites de lo humano para subir a lo posthumano.

En este ensayo se intentará arrojar luz a diferentes paradigmas sobre lo posthumano, en tanto lo posthumano, siendo un análisis de índole futurista, resulta ser una preocupación presente sobre el futuro. En primera instancia veremos los análisis de Peter Sloterdijk y Francis Fukuyama.

Luego de ello veremos el paradigma transhumanista, cuyos proponentes más prominentes son Ray Kurzweil, Hugo de Garis, Zoltan Istvan, Jason Silva y Nick Bostrom.

1. *Lo Posthumano desde el análisis crítico de Peter Sloterdijk y Francis Fukuyama*

Death may come to be seen not as a natural and inevitable aspect of life, but a preventable evil like polio or the measles. If so, then accepting death will appear to be a foolish choice, not something to be faced with dignity or nobility. Will people still be willing to sacrifice their lives for others, when their lives could potentially stretch out ahead of them indefinitely, or condone the sacrifice of the lives of others? Will they cling desperately to the life that biotechnology offers? Or might the prospect of an unendingly empty life appear simply unbearable?[1]
—Francis Fukuyama, *Our Posthuman Future*

Cuando se habla de lo posthumano en realidad uno se puede referir a muchas cosas. Los autores que estaré describiendo en este subtema hacen descripciones de lo posthumano, cada uno

---

[1] Mi traducción: «La muerte puede llegar a ser vista no como un aspecto natural e inevitable de la vida, sino como un mal prevenible como la polio o el sarampión. Si es así, aceptar la muerte parecerá ser una elección tonta, no algo que enfrentar con dignidad o nobleza. ¿La gente todavía estará dispuesta a sacrificar sus vidas por otros, cuando sus vidas potencialmente puedan extenderse por delante de ellos indefinidamente, o condonar el sacrificio de las vidas de otros? ¿Se aferrarán desesperadamente a la vida que ofrece la biotecnología? ¿O podría la perspectiva de una vida infinitamente vacía parecer simplemente insoportable?»

con un análisis particular. Inclusive, los autores de este subtema se encuentran en las *áreas grises* del debate de lo posthumano, que veremos en los siguientes subtemas.

Comenzaré esta comparación con la descripción que da Peter Sloterdijk sobre lo humano. Después me adentraré en describir a Francis Fukuyama.

1.1. Peter Sloterdijk

En su texto *Normas para el parque humano*, Sloterdijk hace tres análisis (o problemáticas) de lo humano a partir de tres filósofos: Heidegger, Nietzsche y Platón. En las tres comparaciones que hace da por hecho que esas concepciones de lo humano ya han pasado. Primero hace una descripción de lo humano a través de las letras, que es la descripción que hace Heidegger. Sloterdijk describe en su escrito el fallo de la *utopía* humana.

Lo posthumano para Sloterdijk es un posthumanismo filosófico, o dicho de otra manera, una reflexión crítica del paradigma de lo humano que hemos heredado de la corriente filosófica eurocéntrica. Sloterdijk argumenta que con el auge de las nuevas tecnologías de comunicación se ha perdido la humanística en tanto entendida como devenir de las letras. Sloterdijk afirma que «el tema latente del humanismo es, pues, la domesticación del hombre; su tesis latente: una lectura adecuada amansa», (Sloterdijk 2000).

Se puede entender de la lectura que Sloterdijk

busca tratar de hacer conciencia sobre la pérdida del humanismo, algo que sus contemporáneos alemanes no han sido capaces de hacer. Pero más allá de una pérdida del humanismo, hace notar cómo Heidegger en realidad quiere reivindicar lo humanístico, subirlo a su nivel, quitar la lógica de que el humano es un animal racional, un mono domesticado. Es importante notar la siguiente cita de Sloterdijk: «Heidegger explica que a partir de *Ser y tiempo* su obra está pensada en contra del humanismo, y no porque éste haya sobrevalorado la naturaleza humana, sino porque no la ha situado a la altura suficiente» (Sloterdijk 2000: 42) Luego hay una cita bastante interesante que fácilmente es provocadora de grandes reflexiones: «En este punto, Heidegger es implacable, y sale a la palestra cual airado ángel con las espadas en cruz para colocarse entre el animal y el hombre e impedir cualquier posible comunión ontológica entre ambos» (Sloterdijk 2000: 43).

Las preguntas que se hace Sloterdijk a mitad de su monografía las considero muy importantes:

¿Qué amansará al ser humano, si fracasa el humanismo como escuela de domesticación del hombre? ¿Qué amansará al ser humano, si hasta ahora sus esfuerzos para autodomesticarse a lo único que en realidad y sobre todo le han llevado es a la conquista del poder sobre todo lo existente? ¿Qué amansará al ser humano, si, después de todos los experimentos que se han hecho con la educación del género humano, sigue siendo incierto a quién o a qué educa para qué el educador? ¿O es que la pregunta por el cuidado y el modelado del hombre ya no se puede plantear de manera competente en el marco de unas simples teorías de la domesticación y la educación? (Sloterdijk 2000: 52).

Estas preguntas son importantes porque para Heidegger, las diferentes potencias de su época replicaban una «violencia antropocéntrica», siendo el fascismo «la síntesis de humanismo y bestialidad, es decir, la paradójica coincidencia entre inhibición y desinhibición» (Sloterdijk 2000: 51). Luego hay una afirmación adamantina: que el hombre es «el ser que ha fracasado en su ser animal y en su mantenerse animal» (Sloterdijk 2000: 55). Esto quiere decir que lo humano se puede entender como un tipo de dialéctica entre el salvaje y lo domesticado. Se niega a ser salvaje y consecuentemente se es hombre.

Después Sloterdijk indaga sobre el sedentarismo y el cambio en «la relación entre el hombre y el animal» (Sloterdijk 2000: 57). Utiliza como ejemplo un pasaje de *Así habló Zaratustra*, donde al observar la ciudad, sus casas y sus muebles se preguntaba si el hombre era más grande o pequeño (y su respuesta era que el hombre se había vuelto más pequeño). Por lo tanto, aquí se encuentra el razonamiento nietzscheniano del hombre o el superhombre. Aunque sigue su discurso utilizando como punto de referencia La República de Platón, lo discutido hasta aquí sobre esa lectura es suficiente.

No obstante, antes de seguir con el siguiente subtema, es importante mostrar lo que Sloterdijk piensa en contraste con la singularidad tecnológica que explican los transhumanistas (concepto sobre el cual entraré en detalle cuando describa a los transhumanistas), utilizando como base argumentativa su concepto *antropotécnica*. He aquí la cita:

> The concept of "anthropotechnics" rests on the hypothesis that the current psychophysical and social constitution of the species *Homo sapiens* — note the evolutionist emphasis of this classification — is based substantially on autogenic effects. In this context, the term "autogenic" means "brought about by the repercussions of actions on the actor." The human being — especially in so-called "advanced civilizations" — is the animal that molds itself into its own pet. While evolution means adaptation to a natural environment, domestication means, from the outset, adaptation to the artificial.
>
> What we call "civilizations" in moral and cultural-theoretical terms are, from the perspective of biological anthropology (which deals with the animal/human distinction), the result of a long sequence of auto-domestications. Tens of thousands of years before the Greek oracle could write the motto "Know thyself" above the place of encounter with the truth, the great mothers, chieftains and sorcerers had applied a different one to the lives of their own kind: "Tame thyself!" This led to what would become known much later as "education" — in Greek *paideia*, in Latin *humanitas*, in Sanskrit *vinaya*, in Chinese *wenhua* and in German *Bildung*.
>
> The term "anthropotechnics" points to the

fact that the process of the humans' domestication by humans, which began very early on, retains an open future. Firstly, it describes the largely unconscious secession of humans from pure animality — whereby they became not only members of the "symbolic species," a "ritual animal" (as Wittgenstein remarked on occasion), indeed a mythological narrative animal, but also a technical creature. Secondly, it points to future possibility of conscious self-shaping through forms of training of the mind, through chemical modifications, perhaps even through genetic impulses.

The concept of "anthropotechnics" thus refers to the entire *autopoiesis*, or self-creation, of "mankind" in its many thousands of cultural specializations. It is empirical, pluralistic and egalitarian from the ground up — in the sense that all individuals, as heirs to the memory of mankind, are free to surpass themselves.

Ray Kurzweil's idea of "singularity," by contrast, contains futuristic, monistic and elitist elements. Although "singularity," according to its logical and rhetorical design, is meant to integrate mankind as a whole, it is evident that it could only encompass a tiny group of exceptional transhuman individuals. (Gardels 2015).[2]

---

[2] Mi traducción: «El concepto de "antropotécnica" se basa en la hipótesis de que la actual constitución psicofísica y social de la especie *Homo sapiens* — tenga en cuenta el énfasis evolucionista de esta clasificación — se basa sustancialmente en los efectos autogénicos. En este contexto, el término "autógeno" significa "producido por

las repercusiones de las acciones sobre el actor". El ser humano — especialmente en las llamadas "civilizaciones avanzadas" — es el animal que se moldea en su propia mascota. Mientras que la evolución significa la adaptación a un entorno natural, la domesticación significa, desde el principio, la adaptación a lo artificial.

»Lo que llamamos "civilizaciones" en términos morales y culturales-teóricos son, desde la perspectiva de la antropología biológica (que trata de la distinción animal/humano), el resultado de una larga secuencia de autodomesticaciones. Decenas de miles de años antes de que el oráculo griego pudiera escribir el lema "Conócete a ti mismo" sobre el lugar del encuentro con la verdad, las grandes madres, jefes y hechiceros habían aplicado uno diferente a las vidas de su propia clase: "¡Domínate a ti mismo!" Esto llevó a lo que se conocería mucho más tarde como "educación" — en griego *paideia*, en latín *humanitas*, en sánscrito *vinaya*, en chino *wenhua* y en alemán *Bildung*.

»El término "antropotécnica" apunta al hecho de que el proceso de domesticación de los humanos por parte de los humanos, que comenzó muy temprano, conserva un futuro abierto. En primer lugar, describe la secesión en gran parte inconsciente de los seres humanos de la animalidad pura — por lo que se convirtieron no solo en miembros de la "especie simbólica", un "animal ritual" (como Wittgenstein observó en ocasiones), de hecho un animal narrativo mitológico, sino también un animal criatura técnica. En segundo lugar, apunta a la posibilidad futura de autoformación consciente a través de formas de entrenamiento de la mente, a través de modificaciones químicas, tal vez incluso a través de impulsos genéticos.

»El concepto de "antropotécnica" se refiere así a la *autopoiesis* completa, o autocreación, de la "humanidad" en sus muchos miles de especializaciones culturales. Es empírico, pluralista e igualitario desde el principio — en el sentido de que todos los individuos, como herederos de la memoria de la humanidad, son libres de superarse a sí mismos.

»La idea de "singularidad" de Ray Kurzweil, por el contrario, contiene elementos futuristas, monistas y

Por lo tanto, para Sloterdijk los transhumanistas tienden a simplificar el asunto del autodiseño que emplean los seres humanos. Inclusive, coincide con Francis Fukuyama cuando menciona que la visión transhumanista solamente integra a un sector pequeño de la población. Sobre esto entraré en detalle en seguida.

1.2. Francis Fukuyama

Ahora describiré la postura de Francis Fukuyama. Desde la perspectiva de Francis Fukuyama lo posthumano es un devenir biotecnológico determinado por cuestiones políticas y culturales. Él popularizo la idea del *fin de la historia*, que es atribuida en primera instancia a Hegel. Esto no debe tomarse en el sentido literal de que no va a haber más historia, sino que el progreso histórico tal y como se ha imaginado llega a su fin: hay un cambio paradigmático en la forma de entender la historia humana. En la primera parte de su libro *The End of History and the Last Man*, Fukuyama explica los paradigmas políticos que existieron en el siglo XX, como el desarrollo de los totalitarismos y autoritarismos y la prevalencia de la democracia y el capitalismo (*i.e.* el *fin de la historia*) a finales del siglo XX.

Sin embargo, en su escrito *Our Posthuman Future* es más explícito en el aspecto de lo

---

elitistas. Aunque la "singularidad", según su diseño lógico y retórico, está destinada a integrar a la humanidad en su conjunto, es evidente que solo podría abarcar a un pequeño grupo de excepcionales individuos transhumanos.»

posthumano, mientras que en el texto *The End of History and the Last Man* él trata de explicar lo que es fin de la historia y trata de crear un paradigma de historia universal. En *Our Posthuman Future* el autor reflexiona más sobre lo que es *el fin de la historia* y es más explícito en la explicación del devenir histórico a partir de la reflexión de las emergentes tecnologías, en particular la reflexión de la biotecnología y su potencial de eliminar el capitalismo y los ideales liberales, dado que esas tecnologías ponen en peligro la igualdad entre los seres humanos al ofrecer la diversidad (*i.e.* atenta contra la libertad).

Comienza explicando la influencia de los avances biotecnológicos en la política, como el problema de la genética versus la crianza, dando diferentes situaciones en las que existen esos debates (*e.g.* la criminalidad, la inteligencia, la homosexualidad), o el problema de la farmacología y las drogas que se pueden utilizar para cambiar los aspectos psicológicos de los individuos, controlando sus estados anímicos como el soma de la novela *A Brave New World.*

Pone en perspectiva los problemas legales y sociales que pueden suceder si la biotecnología permite que la gente viva más tiempo. En la vejez las personas están en la edad menos productiva, lo cual los convierte en dependientes. Si se extiende la edad por más tiempo se extiende esa calidad de vida. Dicho de otra manera, vivir más tiempo no significa que haya mejor calidad de vida.

La película *In Time* ejemplifica los problemas que pueden existir al eliminar la vejez. *In Time* trata sobre un mundo futurístico cuya divisa existente no es el dinero, sino el tiempo. Cada persona nace con un reloj digital de trece figuras en el brazo izquierdo y a los veinticinco años el reloj comienza a correr. Las personas no envejecen, conservan los rasgos de sus veinticinco años durante toda su vida, aun cuando estén ancianos. Sin embargo, cuando el reloj comienza a correr a los veinticinco años comienza con la cuenta regresiva de un año de vida. Cuando el reloj marque cero la persona morirá. Para recuperar tiempo la gente debe trabajar para ganar su cuota.

En ese mundo distópico los pobres mueren jóvenes mientras que los ricos viven para siempre. Un joven llamado Will Salas se encuentra a un rico de ciento cinco años (Henry Hamilton) en un bar con cien años en su reloj. Lo salva de los gangsters que querían matarlo, puesto que nadie en ese sector poblacional posee un reloj con cien años. Mientras están escondidos, Henry le cuenta a Will el secreto de todo el asunto: los pobres mueren jóvenes y los ricos viven para siempre. Henry, cansado de vivir, le pasa sus cien años a Will mientras duerme y solamente se queda con cinco minutos, tiempo suficiente para treparse en un puente y esperar su muerte. Will, ahora con cien años en su reloj, viaja diferentes sectores hasta llegar al sector de los ricos. Allí comienza la trama para tratar de desestabilizar el sistema económico de ese mundo distópico.

La película se puede analizar de varias maneras: por un lado sirve para ejemplificar la diferencia de clases que pueden provocar la divisa, pero también sirve para pensar sobre los cambios político-económicos que puede provocar la biotecnología en la sociedad. El análisis de Fukuyama, especialmente el capítulo sobre la vejez, sirve para echar luz a este asunto.

La importancia del texto de Fukuyama es que pone sobre la mesa una idea importante: el progreso tecnológico no implica que sea un buen progreso. Fukuyama le da mucha importancia a la eugenesia y es parte importante de su argumentación. La eugenesia es para Fukuyama el motivo por el cual los ideales liberales y capitalistas pueden perder su vigencia, provocando la caída de la democracia, dado que la selección artificial de humanos podría implicar también la discriminación entre humanos con inferioridad genética y aquellos que tengan superioridad genética. Y claro, es entendible su preocupación: el nazismo se destacó por ello.

A pesar de la profundidad de las críticas que propone Francis Fukuyama sobre el futuro post-humano, su análisis se centra en la biotecnología. Otras tecnologías posthumanas, como lo son los biónicos o la inteligencia artificial, no fueron el análisis más primordial para él. Inclusive, cuando hace una breve mención de la inteligencia artificial, él utiliza argumentos que pueden resultar simplistas para sus contrincantes intelectuales. El hecho de que los seres humanos puedan ser comparados con supercomputadoras no les da menos dignidad como humanos y la posibilidad de probar en el futuro la existencia de una inteligencia artificial parecida a la del ser humano tampoco le quitaría dignidad al ser humano al confirmar que son criaturas que computan. En este sentido, Fukuyama falla en apreciar que el ser humano, de ser una supercomputadora magnífica, no hace que tenga menos emociones, ni menos raciocinio, sino lo contrario, mostraría que las emociones y el raciocinio son un importante epifenómeno de las funciones cerebrales, de sus formidables outputs. Sobre la inteligencia artificial abordaré en el siguiente subtema, que es sobre el transhumanismo.

2. El transhumanismo

I do have a recurring dream. It has to do with exploring this endless succession of rooms that are empty and I go from one to the next. The feeling of being hopelessly abandoned and lonely and not being able to find anyone else. That's a pretty good description of death. Death is supposed to be finality, but it is actually a loss for everybody you care about. I do have fantasies sometimes about dying, about how people must feel like when they're dying or what I would feel like if I were dying. It's such a profoundly sad, lonely feeling that I really can't bear it. So I go back into thinking how am I not going to die.[1]

—Ray Kurzweil, *Trascendent Man*

Se puede definir el transhumanismo, en primera instancia, como la superación de la condición humana. ¿Cómo el transhumanista entiende a la condición humana? Iniciaré mencionando que el transhumanismo no se puede entender como una simple dialéctica entre lo humano y transhumano. El transhumanismo se entiende mejor desde la lógica de la ley de rendimientos acelerados, ideada por Ray Kurzweil. Dicha ley afirma que el avance

---

[1] Mi traducción: «Tengo un sueño recurrente. Tiene que ver con explorar esta interminable sucesión de habitaciones que están vacías y voy de una a otra. La sensación de estar desesperadamente abandonado y solo y no poder encontrar a nadie más. Esa es una descripción bastante buena de la muerte. Se supone que la muerte es una finalidad, pero en realidad es una pérdida para todos los que te importan. A veces tengo fantasías sobre morir, sobre cómo deben sentirse las personas cuando están muriendo o cómo me sentiría si estuviera muriendo. Es un sentimiento tan profundamente triste y solitario que realmente no puedo soportarlo. Entonces vuelvo a pensar cómo no voy a morir.»

tecnológico es acumulativo y exponencial, de la misma manera que las características más favorables de una especie son pasadas de una generación a otra a través de pequeñas mutaciones, y cuyo devenir evolutivo crea un *progreso exponencial.*

El transhumanismo considera la condición humana como defectuosa, una condición que se puede mejorar, que podemos trascender. Esto quiere decir, en las posturas más extremas del transhumanismo, ser capaces de eliminar la muerte. La manera de lograr esa trascendencia es a través de diferentes tecnologías, tanto biológicas como cibernéticas. En esta monografía me concentraré más en los avances cibernéticos y biónicos.

Se puede trascender haciendo modificaciones genéticas en humanos, para así prevenir cualquier condición o enfermedad y aumentar algunas facultades mentales, pero ese tipo de cambios es más laborioso que la trascendencia cibernética. Las tecnologías computacionales avanzan a pasos exponenciales. Cualquier teléfono inteligente tiene más poder computacional que el Apolo XI. De hecho, Ray Kurzweil argumenta que un teléfono inteligente es un millón de veces más pequeño, un millón de veces más barato y cuarenta veces más potente que una supercomputadora de los años sesenta.

Por ende, los transhumanistas tienen muchas esperanzas en el avance de la nanotecnología y en el desarrollo de lo que hoy se denomina *inteligencia general artificial* (IGA). La creación de una IGA implica que se podría llegar a replicar una conciencia humana en una máquina. Igualmente se hipotetiza sobre la creación de una ISA, *inteligencia superior artificial*, la cual podría sobrepasar los límites de la inteligencia humana.

Estos términos tienden a ser algo problemáticos. Ya no se hace referencia a la búsqueda de *inteligencia artificial* (IA) porque ya existe: los algoritmos que determinan los posibles gustos de los usuarios de Netflix, el buscador de Google, procesadores de palabras, algoritmos que determinan decisiones importantes en la bolsa de valores, etc. A este tipo de inteligencia artificial también le llaman *inteligencia artificial débil*, porque son extremadamente eficientes en unos tipos de inteligencia, pero inútiles en otras. La IGA o *inteligencia artificial fuerte* es un tipo de inteligencia que es parecida a la del ser humano: es capaz de dominar varios tipos de inteligencia y utilizarlos eficientemente.

Siempre que se hace un avance en la IA sucede lo que se conoce como *the AI effect*: cuando una máquina hace algo que se supone que no sea capaz de hacer porque no es inteligente, automáticamente se niega que el trabajo que desempeña sea algo inteligente. Por ejemplo, el juego de ajedrez antes era el juego de los inteligentes. Sin embargo, en 1997, Deep Blue (una supercomputadora) ganó un campeonato contra Gary Kasparov, granmaestro y campeón de ajedrez. Esto cambió totalmente el paradigma que se tenía sobre el ajedrez y la inteligencia. Ahora la gente acepta que las máquinas pueden ser capaces de jugar mejor que los humanos (de hecho, contemporáneamente están a nivel superhumano), al igual de que se utilizado contemporáneamente para el entrenamiento en el deporte del ajedrez (tanto por principiantes como granmaestros), pero no le dan el crédito a las máquinas de que son inteligentes. Entró en acción *the AI effect* y la gente no aprecia el poder de juego de una IA.

En el momento presente la robótica no ha logrado pasar una prueba de autoconciencia, aunque se han dado pasos hacia esa dirección (Contact Info 2015). Pero, cuando se logre pasar esa prueba, automáticamente no será imaginada como una prueba que verdaderamente determine que *algo* sea inteligente porque ocurrió *the AI effect*. Este proceso se ejemplifica magistralmente en el filme Ex Machina (Garland 2014).

Hay que tener en cuenta que aquí estamos suponiendo que la IGA es equivalente a conciencia. Sobre esto existe un debate más fervoroso, pues no se sabe a ciencia cierta lo que es la conciencia. Existe un experimento mental de John Searle que se llama *el cuarto chino*, en el cual supone que él está dentro de un cuarto y no sabe hablar chino. Sin embargo, él sabe unas instrucciones básicas en inglés las cuales le ayudan a manipular símbolos desconocidos para él (en este caso, los símbolos de la escritura china). Por una apertura le entregan un papel que tiene símbolos chinos y con las instrucciones en inglés es capaz de contestar con otros tantos símbolos chinos, capaz de llevar una *conversación inteligente* con la persona que está del otro lado, pero en última instancia Searle no está consciente de la conversación, puesto que no sabe hablar chino. Este argumento resulta importante para la construcción de la IGA, puesto que actuar de manera inteligente no implica que haya conciencia, sino por el contrario, es un simulacro de la conciencia. Pero, ¿es un simulacro de la conciencia una conciencia en sí? ¿Acaso no actúa de la misma manera que un ser consciente?

Existe una variante del *cuarto chino* propuesta por el filósofo Achille Varzi en su cuento *Zombie, Inc. Sleeping Pills*, donde relata la conversación de un hombre y una mujer en un avión. La mujer trabaja para una compañía creadora de unas *píldoras zombies* cuya función es apagar la conciencia. La persona sigue teniendo sus facultades intelectuales y es capaz de tener una conversación, pero su conciencia se fue en blanco. La mujer se toma una píldora y le explica al hombre cómo funciona la píldora, pero ella no está consciente de ello, pues en el momento en el que se tomó la píldora su mente se fue en blanco. Actúa como un zombie.

Debo hacer notar que Fukuyama menciona el argumento del *cuarto chino* en su libro *Our Posthuman Future* para hacer una crítica de la IGA, pero falla en su análisis debido a la simplificación de problemáticas sobre la IGA, además de no hacer notar que John Searle no está en contra de la IGA, puesto que hace ver la diferencia entre el *simulacro* de una IGA y la verdadera IGA y así aportar intelectualmente a su futura construcción.

Esta digresión, aunque aparentemente inútil, es importante para entender el paradigma del transhumanismo desde el enfoque cibernético. Para efectos de esta monografía me remitiré a la inteligencia artificial como alusión a la IGA para evitar cualquier confusión.

Hablar de lo transhumano es hablar, inevitablemente, del futuro de la historia humana y a lo que aspira el transhumanista.[2] Es hablar de los posibles avances tecnológicos del siglo XXI y sus implicaciones directas en los seres humanos.

Se puede decir que el transhumanista entiende la historia como si poseyera una especie de *dialéctica tecnológica exponencial*. Primero el hombre, para ser hombre, tiene que negar ser animal, y el transhumanista, para superar la condición humana, tiene que negar ser humano. Sin embargo, hay transhumanistas como Jason Silva que afirman que ser humano es ser transhumano (Jason Silva: Shots of Awe 2014). Dicho de otra manera, que la verdadera naturaleza del ser humano ha sido desde siempre superarse a sí mismo. Según la lógica de Jason Silva, la tecnología es la verdadera piel del ser humano, pues siempre busca la manera de superarse desde que se inventó el lenguaje. Por ejemplo, el fuego se convierte en un mecanismo para *digerir* la comida en el exterior antes de ingerirla.

El transhumanista ve la tecnología con buenos ojos, inclusive cuando podría ser la destrucción de nuestra especie. Por ejemplo, Hugo de Garis en su libro *The Artilect War*

---

[2] Hay una diferencia clave entre el transhumanismo y lo transhumano. El transhumanista cree que puede llegar a ser un transhumano, todavía no es transhumano: es el ideal de ser transhumano. El transhumano es quien haya llegado a un punto medio, desde la lógica transhumanista, entre lo humano y lo posthumano.

describe una futura guerra entre dos facciones de humanos: los *cosmists* y los *terrans*. Los cosmists buscan crear a toda costa a los *artilectos* y quieren expandirse a la exploración interestelar.[3] Los terrans buscan lo contrario: prevenir la construcción de artilectos. A diferencia de la mayoría de la ciencia ficción con distopías tecnológicas, la guerra no va a ser promovida por la inteligencia artificial, sino que será entre dos facciones de humanos que difieren grandemente sobre la construcción de la inteligencia artificial. Hugo de Garis argumenta que sucederá el *gigadeath*, que es la muerte de billones de personas. El autor arguye que los *cosmists*, que bajo este análisis se comportan como transhumanistas por querer crear un dios que los supere, es la mejor causa a seguir porque si no creamos a esas criaturas gloriosas nos perderíamos de muchas experiencias, de la misma manera que nos perderíamos de una gama de experiencias si no tuviéramos el lenguaje o el fuego. Por ejemplo, el fuego cocina nuestras comidas, pero también puede quemar personas en la hoguera. Empero, si nunca hubiésemos descubierto el fuego nos perderíamos de ricas experiencias, nos perderíamos todo un devenir histórico donde el fuego permitió grandes acontecimientos como la santa inquisición o la revolución industrial.

Hay un concepto de vital importancia para los

---

[3] *Artilect* significa *artificial intellect* (*intelecto artificial*), que es traducido aquí a *artilecto*. Hugo de Garis inventó el concepto para describir una inteligencia artificial que no solamente es equivalente a la inteligencia humana, sino que la supera.

transhumanistas: la singularidad tecnológica. La singularidad tecnológica es el momento de la historia futura donde la inteligencia artificial sobrepasa el conglomerado de la inteligencia colectiva del ser humano. La posibilidad de este suceso se valida bajo la ley de rendimientos acelerados, ideada por Ray Kurzweil (2001). La ley postula que el progreso tecnológico en la historia es exponencial, lo cual crea una rápida y acelerada expansión de los conocimientos tecnológicos. Un ejemplo de ello es la ley de Moore.

La singularidad tecnológica marca una ruptura en la historia humana. Por eso es pertinente pensar en las implicaciones de ello, inclusive cuando las posibilidades de esta sean remotas. Una ruptura en la historia de la humanidad implica pertenecer a una historia dialéctica donde se le da muerte a lo humano para dar paso a lo transhumano. Damos muerte a lo humano para dar cabida a los ciborgs, a las inteligencias artificiales, a la modificación genética, entre otros aspectos.

Películas como *CHAPPiE* (2015), *Her* (2013) y *Trascendence* (2014) exploran diferentes instancias del discurso transhumanista. En *CHAPPiE* se explora la posibilidad de crear un robot con inteligencia artificial y la capacidad de replicar nuestras conciencias en robots.

En la película *Trascendence* un científico transhumanista (Dr. Will Caster) construye, con su equipo de trabajo, una supercomputadora con la capacidad de poseer inteligencia artificial. El científico es atacado por un grupo de tecnófobo llamados RIFT. Consecuentemente, y antes de morir, el científico logra subir su conciencia a la supercomputadora y esto desencadena una serie de sucesos que devienen en los eventos iniciales de una singularidad tecnológica.

En la película *Her* hay un enfoque muy peculiar: las relaciones interpersonales entre humanos y máquinas. El protagonista (Theodore) se enamora de su sistema operativo (Samantha). Durante el curso de la película se ve el avance exponencial de los sistemas operativos, cuya finalidad deviene en la singularidad tecnológica. Parte de la trama consiste en la confusión de Theodore frente a las capacidades sobrehumanas de Samantha, al punto de que no puede mantenerse al paso de ella y la relación amorosa entre ellos se ve afectada.

Es importante notar que tanto en las películas *CHAPPiE* y *Trascendence* la muerte es vista como *el final.* Después de la muerte hay oscuridad y la consciencia que logra sobrevivir por otros medios (en este caso, la inteligencia artificial) recuerda ese vacío, esa pérdida.

El transhumanismo, a diferencia del humanismo, no solamente se coloca como centro de su propio análisis y experiencia, sino que irónicamente vuelve a nociones teocéntricas en vez de antropocéntricas, con un giro casi magistral: «somos los dioses ahora». Dicho de otra manera, es mucho más que afirmar que somos hombres. Ya no lo somos.

Consecuentemente, el transhumanismo se ha ocupado de tratar de crear una ética transhuma-nista y tratar de predecir aspectos de acción social transhumanista. Por ejemplo, en la novela *Accelerando*, Charles Stross relata la vida de unos personajes a través de tres generaciones que ocurren, históricamente, desde la pre-singularidad a la post-singularidad. En ese relato se ven aspectos como el *anthropic anxiety attack,* implantes cerebrales y, sobre todo, la economía en un mundo de post-singularidad.[4] Esos aspectos muchas veces son pasados por alto y la ficción ha tomado las riendas de ese asunto.

Otro ejemplo de ello es la novela *The Transhumanist Wager* (2013), en la que el personaje principal, Jethro Knights, inventa una nueva filosofía, la TEF.[5] Dicha filosofía hace un llamado a pensar en una apuesta: ¿debemos hacer todo lo posible para vivir para siempre? La TEF dice que sí, y que debemos lograr nuestra propia supervivencia a toda costa, aun cuando ello implica erradicar la muerte. Hace un llamado a los científicos para que hagan investigaciones en pos del transhumanismo, aun cuando en el mundo de la novela el transhumanismo es una idea aberrante, atacada por anti-transhumanistas terroristas motivados por ideas religiosas extremistas. Es una filosofía anti-democrática en muchos sentidos, y ni siquiera el autor de la novela comparte el mismo pensamiento que el

---

[4] *Anthropic anxiety attack* es, en la novela *Accelerando,* un ataque de pánico que viene por la desaparición de la exocorteza, es decir, una corteza cerebral externa manifestada en el software de una computadora, preferiblemente en forma de gafas. Es un fenómeno parecido a la actual nomofobia (miedo a quedarse sin acceso al celular).

[5] *Egocentrismo teleológico egocéntrico* por sus siglas en inglés.

protagonista, pero trae a la mesa la siguiente cuestión: ¿debemos gastar nuestros esfuerzos en pos de la superación de lo humano? ¿El gobierno debe invertir dinero en el asunto? Y claro, en la vida real es evidente ver que Zoltan Istvan, el autor, se ha lanzado a la candidatura para la presidencia de los Estados Unidos, avalado por el Partido Transhumanista. Con todo y con eso el transhumanismo en Estados Unidos sigue siendo casi desconocido.

La superación de lo humano es una pregunta inherentemente moral. No es solamente darle poder a las personas discapacitadas, sino que es preguntarnos si superarnos es una vía *correcta*. Por ejemplo, una persona sin un brazo puede tener la prótesis de un brazo que mejore significativamente su calidad de vida. Empero, si se inventa una prótesis de brazo que supera las capacidades naturales de un brazo, ¿es correcto ponerse dicha prótesis? Si un chip es capaz de duplicar la memoria y es beneficioso para una persona con Alzheimer entonces se ve como algo moralmente correcto. No obstante, si una persona sin dicha discapacidad quiere ese implante, ¿se le debe dar?

Los transhumanistas siempre apuestan que sí, que debemos buscar la superación de lo humano, pues somos criaturas limitadas y con defectos evolutivos. Esto me resulta curioso, pues usualmente el discurso de lo humano como limitado o defectuoso surge del discurso religioso cristiano. Adán y Eva eran perfectos, pero comieron del árbol de la ciencia del bien y el mal y perecieron en el pecado. Algunos antiteístas como el tardío Christopher Hitchens argumentaban que el hombre no era defectuoso, puesto que no existía el pecado debido a que era una invención mítica. Sin embargo, quienes conocen de la teoría de la evolución se percatan de las características evolutivas que hemos heredados (algunas, para los librepensadores, ponen en duda la existencia de un dios inteligente): una vesícula que no sirve; cola vestigial; caminar de forma bípeda, lo cual nos libera las manos pero es la principal causa de problemas de espalda; un sistema reproductor posicionado junto a un sistema endocrino y de desechos; en fin, muchas características que muestran el devenir evolutivo de millones de años sin ninguna guía. Ahora, cuando la consciencia humana ha llegado a grandes magnitudes, volvemos a un *antropocentrismo teológico*: «somos los dioses ahora». Por ende, bajo la lógica transhumanista, somos quienes pueden guiar el curso evolutivo para mejorarnos como especie (que bajo terminología evolucionista se puede decir que el ser humano hace *selección artificial* en sí mismo).

Por consiguiente, el argumento transhumanista es, y ya lo hemos visto anteriormente, que estaríamos superando nuestras capacidades, nuestras percepciones, nuestras reflexiones, y eso es mejor que privarse de ello, aun cuando quizá tenga un aspecto negativo. Jason Silva y Hugo de Garis lo argumentan de manera parecida: la invención del fuego nos permite cocinar nuestras comidas, pero también nos permite quemar gente en la hoguera. Sin embargo, privarse de dicho invento implica perderse toda una gama de experiencias. Lo mismo se puede argumentar respecto a la tecnología del lenguaje: al igual de decir cosas buenas podríamos decir lo malo, pero sin la capacidad de mentar no se hubiesen desarrollado todas las demás tecnologías hasta el sol de hoy. En este sentido, el ser humano es un ser que vive impregnado en la tecnología.

No se puede hablar de ética transhumanista sin mencionar a Nick Bostrom, un importante filósofo que ha pensado sobre algunos riesgos de tecnologías transhumanistas, en especial los posibles riesgos de la superinteligencia en su libro *Superintelligence*. En su artículo *Transhumanist Values* él hace explícito, de manera corta y concisa, lo que debe ser el quehacer transhu-manista, mayormente definido a partir de valores humanistas, pero con una mayor intervención de la tecnología en la biología humana para superar sus limitaciones. En el texto hay un diagrama bastante interesante (ilustración 3.1.).

Por otro lado, y volviendo al asunto de los biónicos, de alguna manera las personas que les falta alguna extremidad del cuerpo entienden que pueden modificarla a su gusto con prótesis. Por ejemplo, a las personas que les faltan las piernas pueden tener diferentes prótesis que aumenten o disminuyan su tamaño, quizá tengan alguna prótesis para deportes o para escalar, etc. Una persona que le falte un brazo puede, de la manera más rústica, modificar el miembro que le falta. Por ejemplo, en la serie *The Walking Dead*, uno de los personajes pierde una mano y pone en su lugar una pieza metálica en la que engancha una cuchilla. Otro ejemplo icónico es el villano de la película *Enter the Dragon*, que es protagonizada por Bruce Lee.

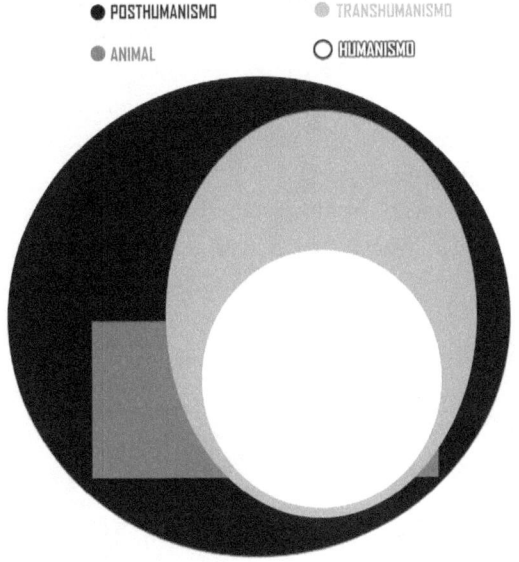

Ilustración 3.1: Esquema de la diferencia cognitiva entre lo animal, lo humano, lo transhumano y lo posthumano basado en el esquema de Nick Bostrom sobre diferentes modos de ser (2003). No está cien por ciento a escala; el posthumanismo puede extenderse aún más y lo animal puede ser una forma modal aún menor.

He notado un fenómeno curioso respecto a las personas que utilizan prótesis de miembros contemporáneamente. No quieren utilizar una prótesis que parezca un miembro natural, sino que quieren que *se vea* la prótesis, que llame la atención, que se vean los circuitos que funcionan dentro. Un ejemplo de ello es la nueva pop star, Prototype (Channel 4 2014). Sin embargo, no todas las personas que utilizan prótesis son transhumanistas. Solamente ven la mejora de la condición humana cuando falta, pero no desean aumentarla. Es curioso tomar dicha posición, aun cuando las prótesis que utilizan son llamativas y nada parecen a una mano natural. No obstante, lo que quiero hacer notar es la maleabilidad a la que quieren llegar las personas con ideales transhumanistas.

Hasta aquí he logrado demarcar a grandes rasgos el transhumanismo. A continuación utilizaré el marco conceptual de Hugo de Garis para demarcar las diferencias entre el transhumanismo y anarco-primitivismo.

3. Cosmists versus terrans: el debate contemporáneo

En el libro *The Dark Net*, Jamie Bartlett hace una comparación magistral entre los transhumanistas y los anarco-primitivistas en su último capítulo *Zoltan vs. Zerzan*, que son dos prominentes intelectuales en sus respectivas ideologías.

Zoltan Istvan, del cual ya he mencionado su libro *The Transhumanist Wager*, es un famoso escritor que en su juventud hizo un viaje en altamar a diferentes países y escribió columnas de *National Geographic* en países en guerra. Actualmente ha lanzado su candidatura a la presidencia de los Estados Unidos bajo el Partido Transhumanista. Es uno de los transhumanistas más famosos y activistas del momento presente, quien inclusive tuvo la mirada puesta en la creación del Partido Transhumanista Mundial.

John Zerzan pertenece a la posición contraria, una posición tecnófoba. Según él, la tecnología cada vez nos ha llevado a un estado de anomía en el cual se nos ha privado la libertad. Para volver a recuperar esa libertad debemos deshacernos de todas las tecnologías, especialmente de las tecnologías industriales. Hay una breve mención de Fukuyama en ese capítulo en el cual se enfatiza que para Fukuyama el transhumanismo es una de las ideas más peligrosas del mundo.

La comparativa entre Zoltan Istvan y John Zerzan se puede ver, bajo los conceptos de Hugo de Garis, como la comparativa entre los cosmists y los terrans.[6] Es verdad lo que enfatizó en su libro *The Artilect War*: los argumentos de ese libro serían importantes en el futuro. Claramente podemos observar ahora mismo el conflicto intelectual entre los cosmists y los terrans, o dicho de otra manera, el conflicto entre los tecnófilos y

---

[6] En el libro *The Artilect War* hay una breve mención de una facción de humanos que ideológicamente está entre los cosmists y los terrans: los cyborgians. Ellos se sienten como los terrans respecto a la construcción de artilectos, pero se sienten cómodos con la superación de algunos límites humanos con la ayuda de la tecnología. En este respecto los transhumanistas serían explícitamente cyborgians. Sin embargo, los transhumanistas caen muy bien en el concepto *cosmist*, puesto que todo aquello a lo cual el hombre se supera es, en última instancia, la explícita negación de lo humano, no solamente su superación (también puede decirse, como ya hemos mencionado anteriormente, que es la aceptación de que lo humano siempre es transhumano en tanto a utilización de tecnologías para el autodiseño).

los tecnófobos, el conflicto entre los transhumanistas y los anarco-primitivistas. En esto no tenemos que ser tan dicotómicos, pues evidentemente existen áreas grises en este debate, pero eso no evita la vigencia de un conflicto demarcado en dos extremos.

La película *Trascendence* ejemplifica a completud el conflicto entre los tecnófilos y los tecnófobos. En la película un científico transhumanista (Dr. Will Caster) construye, con su equipo de trabajo, una supercomputadora con la capacidad de poseer inteligencia artificial. El científico es atacado por un grupo de tecnófobos llamados RIFT. Consecuentemente, y antes de morir, el científico logra subir su conciencia a la supercomputadora y esto desencadena una serie de eventos que devienen en los eventos iniciales de una singularidad tecnológica.

En este escenario los tecnófobos y los tecnófilos tienen un conflicto muy demarcado. El compañero de trabajo de Will Caster se puede considerar, por lo menos en un principio, en una especie de *área gris*: trabajaba dentro de la investigación de la creación de inteligencia artificial, pero tenía sus preocupaciones morales y estaba consciente de que una singularidad tecnológica significa la posible extinción de la raza humana. Sin embargo, debido a que el conflicto era muy real, tuvo que decidir ser anti-transhumanista; tuvo que tomar una decisión dentro de los dos polos. Quedarse en un *área gris* es improductivo bajo esos contextos.

Como puntos de encuentro entre los anarco-primitivistas y los transhumanistas podemos mencionar dos cosas: la afanada preocupación por la tecnología y pertenecer al espectro libertario en un plano cartesiano político. La ilustración 3.2 muestra donde se ubican los anarco-primitivistas y los transhumanistas en un plano cartesiano político. Sin embargo, a causa de esos dos puntos de encuentro es que sale a relucir la gran diferencia entre ellos: ¿cómo entienden la libertad?

Ilustración 3.2: Posible ubicación del anarco-primitivismo y transhumanismo en un plano cartesiano político.

4. Libertad

We ought to stop being shut down by the forces of nature. I have no free will! I'm at the mercy of my hormones and my genes and the biochemistry of my brain and a whole of other influences which I have nothing to say. We can never again, never again be content with human rights, with political equality, we want hands-on involvement in choreographing our genetic makeup.
[...] So long as there is death, no one is free.[1]
—FM-2030

Uno de los puntos de diferencia entre las diferentes perspectivas sobre lo posthumano es, como menciona Jamie Bartlett en su último capítulo del libro *The Dark Net* (2014), la manera en que se entiende la libertad. Bartlett utiliza una analogía excelente para mostrar la diferencia entre el anarco-primitivismo y el transhumanismo. Por ejemplo, los transhumanistas ven al ser humano como una bellota que está lista para romperse y así poder germinar un árbol de roble. Los anarco-primitivistas ven el asunto de otra manera: los transhumanistas tratan de cortar el árbol de roble para reemplazarlo con un simulacro cibernético. Para los transhumanistas la libertad recae en poder escoger cómo queremos ser en última instancia, mientras que para los anarco-

---

[1] «Deberíamos dejar de ser apagados por las fuerzas de la naturaleza. ¡No tengo libre albedrío! Estoy a merced de mis hormonas y mis genes y de la bioquímica de mi cerebro y de otras influencias que no tengo nada que decir. Nunca podemos volver a contentarnos, nunca más contentarnos con los derechos humanos, con la igualdad política, queremos una participación práctica en la coreografía de nuestra composición genética.

»[...] Mientras haya muerte, nadie será libre.»

primitivistas la libertad es librarse de la tecnología.

Bajo la lógica de Bartlett se puede deducir también que la concepción de Fukuyama sobre la libertad es muy peculiar. Mientras el transhumanismo entiende que la libertad recae en poder decidir sobre la modificación de nuestros propios cuerpos, para Fukuyama la libertad recae en mantenernos humanos para evitar que la diversidad de lo posthumano pueda crear desigualdad entre las personas: la libertad está en la igualdad biológica. Asimismo, para Fukuyama la manutención de lo humano es equivalente a la manutención de la democracia e ideologías liberales (por lo que significa el mantenimiento del *fin de la historia).*

Conclusiones

Ya hemos tenido un recorrido de las diferentes posturas que existen de lo posthumano. Todavía hay mucho por recorrer, pero la clave está en la manera que cada cual concibe el concepto *libertad* y la manera en la que desean aplicarlo. Esto no solamente es una cuestión sobre ser tecnofílico o tecnofóbico, pero sí es un llamado al pensamiento crítico y a la revisión histórica, política y social de las ideas aquí presentadas. Aunque el tema aquí trabajado tiene que ver más con el futuro que con el presente, es imperativo trabajar intelectualmente en el asunto. Proyectos de investigación biológica y cibernéticas son aprobados y desaprobados por los gobiernos, existen personas que invierten su tiempo en la creación de un mundo posthumano.

¿Qué postura tomaremos al respecto? ¿Nos quedaremos en un *área gris* o intentaremos llevar nuestros esfuerzos a una de las perspectivas aquí mencionadas? ¿Existirá un conflicto entre terrans y cosmists? Todas estas preguntas no tienen fácil respuesta y de tenerla son modelos predictivos nada proféticos. Una cosa es segura: no importa la perspectiva desde la que se vea todo el asunto, el universo posthumano es algo probable, ya sea en un futuro cercano o lejano. En última instancia debemos remitirnos a la cuestión más fundamental, ¿qué podemos hacer ahora?

SEGUNDA PARTE: ANÁLISIS ARTÍSTICO DE LO TRANSHUMANO

INTRODUCCIÓN A LA
SEGUNDA PARTE

He aquí que hemos terminado con un robusto análisis sociológico. La digresión al análisis del arte, direccionado aquí al análisis de filmes, novelas y series televisivas, es un análisis muchas veces menospreciado, pero para nuestro cometido, igualmente importante al sociológico. Para el análisis en esta parte en cuanto a temas mitológicos me baso mucho en el trabajo de Mircea Eliade (1978; 1982; 1988), Émile Durkheim (1964), Talcott Parsons (2005), Joseph Campbell (2008), Carl G. Jung (Campbell 1976) y Jordan B. Peterson (1999). Observaran los eruditos en humanidades y las ciencias sociales que acabo de citar teóricos que imbrican, de alguna manera, la mitología comparada con la psicología. Esta obra no pretende ser exhaustivo en el tema psicológico—dado a mi pobre formación en esa área específica de las ciencias sociales—, pero me basta con afirmar que estas obras arrojan luz sobre el asunto de la religión, la mitología y su importante influencia en la sociedad, especialmente para lo que nos incumbe en esta obra en general: una mirada sociológica en este asunto, en especial una mirada funcionalista (no me he olvidado que esta parte es sobre un análisis artístico, pero los análisis de las tres partes también se influencian entre sí, siendo el análisis sociológico el que, de alguna manera, se mantiene homogéneo en todo el trabajo investigativo).

Como herederos de la modernidad—que, aunque algunos suponen que estamos en la postmodernidad, más bien seguimos en el modernismo, pues el postmodernismo es una crítica del modernismo, no es capaz de crear un metarrelato que destruya y reemplace el modernismo a completud—nosotros tomamos en muy poca estima el mito y la religión. Este espectro positivista que a nos envuelve, muchas veces no nos deja apreciar en buena lid lo que en otro tiempo era muy reverenciado. Luego de la afamada (y mil veces malinterpretada) *muerte de Dios* y la muerte de la mitología, se mira con escepticismo a las iglesias, el quehacer comunal religioso, los comensales de lo espiritual, la hermandad de los feligreses, etc. Pero no nos percatamos de nuestro culto al cine, cuya gran bóveda nos acoge para mirar imágenes por un par de horas en el fin de semana o días festivos; el ritual *binge-watching* con la aplicación Netflix; la hermandad de los *otakus* (*frikis*, o recientemente llamado *weebs*) y el consumo de productos extranjeros, probablemente japoneses (esto se ha estudiado muy poco sociológicamente); la discusión comunal de los *geeks* sobre la canonicidad de algún dato de filmes y literatura— e incluso videojuegos—como Star Wars, Star Trek, Harry Potter, Dr. Who, el universo Marvel, el universo DC, Middle Earth, Narnia, The Elder Scrolls, World of Warcraft, The Legend of Zelda, etc.; o tal vez las diferentes subculturas musicales, las cuales siguen muy de cerca o participan dentro de la escena del rock, pop, rap, hip-hop, trap, reguetón underground, o algún otro subgrupo, en el cual sus seguidores ponen su atención a una tarima en cuyos músicos tocan y cantan sobre asuntos de la vida diaria, historias de amor, historias de despecho, relatos fantásticos, relatos mitológicos, llamados a la acción política, etc.; entre muchos otros actos comunales y rituales muy contemporáneos. Es todo esto la transformación contemporánea de nuestro culto a los mitos y las grandes historias. El arquetipo sigue siendo el mismo, las preguntas siempre retumban en las sienes de los lectores o espectadores de los nuevos mitos (ahora transformados en novelas, historietas, cuentos, series y películas): ¿qué es ser un héroe? ¿Cuál es la mejor manera de actuar en el mundo?

La ciencia ficción transforma estas preguntas de índole mitológico muy del pretérito a una creación mítica (*mitopoiesis*) direccionada hacia el futuro o puesta en escena en el futuro, que puede ser muy cercano o lejano. El transhumanismo se alimenta de los relatos de ciencia ficción, dado a que es una forma de direccionar su *ethos*, de influenciar o tomar prestadas imágenes o formas míticas para llevar adelante su agenda de *mejoramiento humano*—esto ya lo vimos un poco en el ensayo *Zoltan Istvan y el Partido Transhumanista: Política y transhumanismo en el siglo XXI* con formas de promoción como el *transhuman evangelism* y un atisbo del análisis de David Livingstone (2015).

La forma arquetípica sigue siendo la misma que la de las demás historias que hemos contado por miles de años, pero ello, añadido a la especulación científica y a situaciones muy desconocidas, se convierte en una nueva forma de hacer preguntas y especular, inclusive filosóficamente, sobre nuestra naturaleza y la naturaleza de nuestras acciones. ¿Es lo humano igual aquí en la Tierra que en Marte o en algún otro lugar del cosmos? ¿Es una superinteligencia igual aquí que fuera de la Tierra o en el más allá? He aquí la quintaesencia de lo que es la ciencia ficción.

SOBRE DIFERENTES ARQUETIPOS Y EL MONOMITO

Introducción

En este breve ensayo se demarca la importancia de diferentes arquetipos y el monomito a través de la historia, además de conformar, en el arte de la ficción moderna, ser importante a la hora de construir mitos (*mitopoiesis*) sobre los debates bioéticos del *mejoramiento humano* y la creación de consciencias superinteligentes.[1]

Se ha desarrollado por varias razones. En primer lugar, he notado el seguimiento que le dan algunos individuos que poseen alto nivel de comprensión técnica y práctica en cuanto a la computación, la ingeniería y ciencias afines, pero siguen muchas ideas transhumanistas sin una comprensión más profunda del origen de los arquetipos y mitos

---

[1] *Mitopoiesis* (originalmente *mitopoeia*, pero que aquí he utilizado una traducción pragmática) es un concepto ideado por J. R. R. Tolkien (2009) que surgió por primera vez en un poema homónimo, cuyo significado es la creación consciente de mitos. En el modernismo la *mitopoiesis* es importante porque ya no hay una creación inconsciente de temáticas míticas, sino una explícita construcción de mitos que tratan de rescatar los arquetipos de antaño.

que tanto observan en películas, series y literatura de ciencia ficción. Se sigue una teleología transhumana desbocada a un *antropocentrismo teológico*, pero a la misma vez se tiene aversión a mitos antiguos y su relación con la presente disyuntiva sobre el futuro.

1. *Sobre arquetipos de Superhéroes: el siglo de los metahumanos y continuación del monomito*

Reconocemos actualmente que existen historietas, novelas gráficas, series y películas de superhéroes, pero esto no siempre fue así. En otros tiempos la gente leía novelas, y antes de todo eso las civilizaciones contaban sus historias a través de poemas como las baladas, o poemas épicos. En la Grecia helénica se contaban relatos del héroe semidios Aquiles—y desde aquellos tiempos se hacen historias sobre la importancia de controlar la ira—, el héroe Héctor, incluso el héroe Odiseo. Los dioses también siguen ese arco de historias, como Prometeo, el dios que nos regaló el fuego—y por antonomasia el regalo de la tecnología. Sí profundizamos en esta búsqueda más hacia el pasado, nos percatamos también que el tírano Gilgamesh, de la amurallada Uruk, era también un héroe semidios. Parte de esta historia fue utilizada para la confección del relato bíblico del arca de Noe, puesto que Utanapishtim tiene muchos rasgos en común con Noe, excepto en las razones para el diluvio y que Noe no era inmortal.

Pero ninguno de esos arquetipos tomó la forma que se tiene actualmente: la existencia de superhéroes genéticamente modificados cuyo origen era humano, demasiado humano. Y si no eran humanos, entonces era algún extranjero alienígena que acogimos en la Tierra como si fuera uno de los nuestros. Evidentemente, Superman encaja perfectamente en esto último, mientras que Spider-Man, Batman, Los Cuatro Fantásticos e incluso los mutantes de los X-Men caen en la primera categoría mencionada.

En las historietas del siglo pasado se propagó esa idea de superhéroe como un tipo de metahumano. Fue tomando fuerzas respecto pasaban las décadas, y en el presente ya forma una parte importante de la fibra de la cultura popular. Hace dos décadas era impensable pensar en el género del superhéroe como un arquetipo asequible para las masas y que fuera lucrativo.[1] En las películas contemporáneas se observa también cómo es que se piensa en este asunto del arquetipo de superhéroe dentro de la misma trama (como, por ejemplo, la existencia de un metahumano como Superman y las implicaciones que piensa la población, especialmente políticos y científicos, sobre ese asunto).

Entonces, vemos cómo es que, a pesar de nosotros vivir en una modernidad desmitificada,

---

[1] Este asunto se puede observar evidentemente en la franquicia de películas *Unbreakable*, cuyo primer filme no fue promocionado como una película de superhéroes porque podía resultar contraproducente para el lucro de ventas de taquillas. La segunda y tercera parte de la saga (*Split* y *Glass* respectivamente) siguieron ese patrón al convertirse en un filme de culto y seguir su patrón deconstructivo de lo que significa ser un superhéroe y un archienemigo.

seguimos ponderando en arquetipos antiquísimos, antes pensados como semidioses, hoy pensados como metahumanos. Sobre esto he tenido muy pocos atisbos, pero algo se me ocurre al pensar en esta temática. Tengo en mi posesión una colección de historietas—los que me quedan de una preadolescencia desbocada hacia historias fantásticas. Una historieta de esa colección tengo uno que salió poco después del ataque terrorista 9/11, una edición especial de Spider-Man, en la que todos los héroes se unen para rescatar a los ciudadanos estadounidenses y se intenta promover un ethos o espíritu que une a una nación. Me parece que este tipo de arquetipos ponen de manifiesto la falibilidad del ser humano, y el constante sueño de poder superar nuestras limitaciones para controlar aquello que no podemos controlar; de imponer un ideal que provoque el estoicismo, nos sea una guía moral y nos permita soñar en que algún día quizá todo lo fantástico sea posible.

2. Sobre arquetipos de superinteligencia: Dios, alienígenas y artilectos.

Desde tiempos inmemoriales el hombre ha hecho mitos y arquetipos sobre la superinteligencia. Primero, con los dioses, y luego con un dios supremo . En la modernidad, estos imaginarios de superinteligencia han devenido en dos formas de pensarlo: por un lado, el tipo alienígena, cuyo dominio tecnológico y civilizatorio, hipotéticamente, nos supera por miles o millones de veces el nuestro. Por el otro, el *artilecto*, concepto ideado por Hugo de Garis que significa *artificial intellect*: el intelecto de la inteligencia artificial. En este breve ensayo pensaremos en voz alta sobre estos arquetipos de superinteligencia.

Es muy sabido que los dioses griegos no podían controlar el destino. Esto es evidente en La Ilíada, pues Zeus quería cambiar el devenir de la guerra entre los troyanos y aqueos a su favor, pero en última instancia no pudo. A medida en que las sociedades avanzaban e ideaban otros mitos y dioses, el judaísmo pudo crear un dios que simultáneamente trasciende todo lo conocido y es creador de todo lo conocido. Por consiguiente, es conocedor de todo. En el relato judeocristiano, este dios, Yahveh, intervenía en la vida de los descendientes de Abraham para llevarlos en el camino correcto, dando preceptos a seguir (i.e. en Éxodo, Levítico, Proverbios, Eclesiastés, Job y hasta en el Nuevo Testamento). Nos ofrecía el *know how* moral para sobrevivir, para darle orden al caos y sufrimiento.

Sin embargo, este paradigma de búsqueda de la Verdad nos lleva a la modernidad. Ahí nos encontramos frente a todo un cuerpo de conocimiento diferente al ético: el objetivo. Este es el conocimiento de las cosas, el conocimiento obtenido por el método científico. Con esta nueva forma de imaginar también llegan nuevas ideas a nuestra sociedad: la posible existencia de vida extraterrestre (un ejemplo que me llega al a memoria es el mártir Giordano Bruno, un filósofo medieval, quien creía en la existencia de infinitos mundos y existencia de vida extraterrestre en esos mundos). Este tipo de vida podría generar especies inteligentes que, de llegar a un periodo civilizatorio avanzado, serían capaces de conquistar el cosmos. Es aquí donde nos percatamos de un nuevo tipo de superinteligencia, esta vez posibilitada por el hipotético caso de un avance en la tecnología.

De este tipo de superinteligencia surge otra forma de imaginarla, una especie de tercera vía ideada por el avance de la computación: la de los artilectos. Estos seres, superiores de por sí a nosotros porque podrían superar su capacidad intelectual a nivel exponencial, serían capaces, en primer lugar, de extinguirnos, y, en segundo lugar, de conquistar el cosmos. Es el modo inverso de la superinteligencia extraterrestre, pues es el imaginario de nuestro propio potencial de avance civilizatorio: la superinteligencia terrestre. Pero, a la misma vez, es parte del mismo arquetipo de superinteligencia extraterrestre, dado que el crecimiento exponencial eventualmente los convierte en el germen vital capaz de conquistar el cosmos y penetrar en su *mysterium*.

Estos tres arquetipos de superinteligencia tienen varios puntos en común: (1) Son el resultado de una creación mítica y, (2) no se ha podido probar la existencia de alguno de ellos. Por lo tanto, estos arquetipos, ideados a través del tiempo, son ejercicios mentales que nos hacemos para imaginar el potencial de nuestro devenir ético y científico. ¿Debemos actuar de X o Y manera? ¿Debemos crear X o Y tecnología? Estos mitos y arquetipos nos ayudan a metaforizarlo. Aún en nuestros días, matizados por la objetividad y la modernidad, seguimos inventando ficciones en las que incorporamos los arquetipos que he mencionado; y seguimos experimentando, una y otra vez, mitos que nos ayudan a medir nuestras acciones.

Conclusiones

Vemos entonces que algunas construcciones moralistas nos sirven para profundizar en el estudio del *mejoramiento humano*. Siempre hemos de recordar que estos arquetipos son típicos de estudios psicológicos, teológicos y humanísticos. Pero esto no debe ser un disuasivo para intentar utilizar estos marcos teóricos para tratar de explicar la orientación ideológica de los debates sobre la bioética. Después de todo, si se sigue un marco de teoría sociológica funcionalista, entonces no debe extrañar que los arquetipos utilizados (especialmente la estructura del monomito) también lo hayan utilizado grandes civilizaciones para regular sus mitos y sus psiquis. En el modernismo (y en su afamada crítica actual, el postmodernismo) los monomitos parecen haber perdido su misticismo, pero como he reiterado otras veces, su manifestación cultural es distinta, y no necesariamente recluida en los espacios sagrados de la religión, sino en el espacio profano del cine—o quizás podremos decir hoy, en la sala de nuestras casas utilizado la aplicación Netflix.

ANÁLISIS DE DIFERENTES OBRAS DE CIENCIA FICCIÓN QUE MUESTRAN ATISBOS A PROBLEMÁTICAS DE ÍNDOLE FUTURISTA O POSTHUMANAS

Introducción

Este ensayo se dedica a explorar de manera general algunas historias de ciencia ficción que tocan tangencialmente la problemática del transhumanismo o el posthumanismo. Debemos destacar dos grupos distintos: (1) las obras que tocan la temática indirectamente, por virtud de su trama y (2) aquellas obras que tocan la temática directamente, aludiendo a conceptos muy debatidos y utilizados dentro del debate del transhumanismo y el futuro posthumano.

No pretendo entrar en la obra de Zoltan Istvan *The Transhumanist Wager*, simplemente porque sobre esto ya se discutió un poco en el ensayo *Zoltan Istvan y el Partido Transhumanista: Política y transhumanismo en el siglo XXI*. Pero sí entraré en otras que he mencionado apenas de pasada tanto en el ensayo mencionado anteriormente como en el ensayo *El nuevo paradigma de lo posthumano: tecnofobia y tecnofilia*.

Los conceptos que se tocan en las tramas de ciencia ficción concernientes, de alguna manera, con el transhumanismo, son la consciencia, la inteligencia artificial, el progreso exponencial de la tecnología, la identidad, la artificialidad, la virtualidad, el humanismo, la religión (o puesto de otra forma, formas arquetípicas de los temas tratados hasta ahora), y la muerte.

1. La ambigüedad de lo humano

Primeramente voy a explicar algunos asuntos sobre obras de ciencia ficción donde se hace explícita la ambigüedad de la humanidad, o lo que *es* ser un humano. También se pone de manifiesto las consecuencias de la modificación del ser humano.

1.1. Blade Runner: 2049; Continuación de ambigüedades humanas en una franquicia tech-noir magistral

Aunque no voy a entrar en detalles de la trama, dado que supongo que quienes van a leer esto ya la vieron y me quiero concentrar en el análisis de algunas figuras recurrentes o símbolos importantes en mi opinión, no quiero gente llorando porque leyeron algo de una película que no vieron.

Antes de hablar sobre *Blade Runner: 2049*, voy a lo primero: la película original, *Blade Runner*, fue una *tech-noir* que tocaba temáticas como la mortalidad, la bioética, biotecnología, lo humano y lo que significa ser humano.[1] Rick Deckard, un *blade*

---

[1] Todo esto está basado en la novela *Do Androids Dream of Electric Sheep?*, de Phillip K. Dick, la cual tiene muchos elementos parecidos a la película, como la ambigüedad de

runner (un cazador de replicantes, en la trama ellos son como una división de la policía dedicada a ese trabajo en específico) es llamado una vez más para buscar a unos replicantes que se escaparon a la Tierra, lo cual es ilegal. Él, reluctantemente, aceptó la misión. Los replicantes son seres humanos creados y modificados genéticamente para trabajar de esclavos *off-world*, en colonias extraterrestres: son adultos y algunos tienen poca expectativa de vida. Les implantan falsos recuerdos para darles una continuidad en su vida, puesto que nunca tuvieron niñez. Deckard, en su búsqueda, conoce a Rachel, una replicante muy avanzada, lo cual lo hace cuestionar su visión original sobre los replicantes. Sigue en la caza de los replicantes que le quedan por conseguir, cada vez cuestionando su visión original: que los replicantes no son humanos. Al final, ya enamorado de Rachel, se escapa con ella. Siempre queda en la ambigüedad si Deckard es humano o replicante (por lo menos yo era de quienes opinaban lo segundo). Ese filme tiene muchos juegos simbólicos con los ojos, la mirada y la hibris. La pregunta sobre la biotecnología y la bioética es una temática recurrente e implícita.

Blade Runner: 2049 sigue el hilo de la trama original, pero treinta años después. La corporación Tyrell es absorbida por Wallace (Tyrell es

---

lo humano y la decadencia en la vida terrestre, pero la trama es distinta. En la novela existe una religión, Mercerism, que está basada en tratar de cuidar la poca vida que existe en la Tierra. Pero algunos elementos, como el control de las emociones por medios tecnológicos, no existen en la película.

asesinado en la primera película por un replicante avanzado, de la serie Nexus, llamado Roy Batty). Los replicantes son ahora mejor manipulados, y hasta hay *blade runners* que son replicantes. K, un replicante *blade runner*, encuentra a un replicante prófugo y lo mata, pero esto comienza una búsqueda de algo impensable: la existencia de un hijo de replicantes. Esto se debe a que encontraron los restos de Rachel, quien fue una replicante especial diseñada por Tyrell.

El juego de la ambigüedad de lo humano persiste en el filme porque esta vez, sabiendo que el protagonista es un replicante, se cuestiona al encontrar que quizá *no es* un replicante, sino el hijo perdido de replicantes. Este juego de identidad es más explícito que el juego de la identidad de Deckard. Este cuestionamiento de K por su identidad se debe al encuentro de un lugar y objeto que es real: un basurero que esconde a niños explotados con trabajo y un caballo de madera que esconde su fecha de nacimiento. La ambigüedad moral del protagonista de este filme, al igual que el anterior, es evidente. Entro al basurero y buscaba chantajear al individuo que mandaba en su instalación para tratar de sacarle información, sin nunca dignarse a preocuparse por los niños explotados. Y claro, resolver la misión es prioridad, pero quizá estos detalles son los que crean los aspectos importantes de este *tech-noir* (la fórmula ganadora del filme original siempre es importante).

El nombramiento o cambio de nombre de *K* a *Joe* por parte de su novia holográfica, Joi, lo único que hace es cimentar el estatus de los replicantes como servidores de los humanos. *Joe* es un nombre común, al igual de que Joi es un producto de la compañía Wallace. ¿Estaría la novia holográfica programada para llamar a sus amantes como Joe? Además, hay un parecido de léxico entre Joe y Joi.

Los símbolos religiosos lo que hacen es añadir a la hibris de este mundo distópico. El villano, Niander Wallace, constantemente alude a los ángeles y compara a los replicantes con ángeles. Los ángeles, como sabemos, son criaturas sobrehumanas y trascendentes. Siendo una figura ciega con implantes de visión, hay en ello una figura sabia pero transgresora.

El hijo perdido resulto ser una hija, y K no era el hijo perdido, sino otro simple replicante. Se invierta en la hija perdida, Ana Stelline, las características de Rachel. Mientras Rachel es una replicante, su hija es humana; mientras Rachel tenía memorias falsas, su hija las crea y es la mejor de su profesión. La muerte de K es semejante a la de Roy Batty y nos muestra algo peculiar: pudimos ver algo fantástico a través de los ojos de un replicante, esto es decir, de alguien que sabemos que verdaderamente es un replicante. A diferencia de la muerte de Roy Batty, no tiene soliloquio, pero supongo que es porque este discurso es muy conocido para nosotros, lo cual sería una repetición evidente de lo que sabemos. En cambio, la escena nos muestra una remembranza del propio de K, la de los copos de nieve, que en cuanto a símbolo y estilo es distinto a la muerte de Roy Batty: la de Batty era lluvia y sus lágrimas, al igual que sus recuerdos, se perdieron en ella (nunca vimos escenas de los anillos de Saturno).

Recurriendo a estas cavilaciones que me he ido percatando, una resulta peculiar: la pregunta por lo humano sigue persistiendo en el nuevo debate biotecnológico. O puesto de otra forma, el debate biotecnológico tomó otro rumbo: el de la inteligencia artificial (IA). Al igual que en la franquicia la línea entre humano y replicante es borrosa, así mismo es la línea entre humano e IA. Joi, la novia IA de K, persiste en *amar* a K pero nunca se sabe si es parte de su programación, al igual que no se sabe si la conducta de los replicantes es humana. Claro, en el filme original se muestra que los replicantes pueden comportarse igual o mejor que los humanos ante la muerte, como Roy Batty, quien a fin de cuentas acepta su destino, pero en espíritu semejante al poema de Dylan Thomas: *Do not go gentle into that good night / Rage, rage against the dying of the light.* Lo que escribo sobre Joi se nota en la escena donde K se encuentra el *billboard* promocionador de la IA Joi. La forma en que se expresa es idéntica a Joi-novia-de-K. Igualmente, al llamarlo *Joe*, un nombre común, lo que hace es mostrar que K es otro replicante más, otra copia de humanos. ¿O significará otra cosa?

Los debates recurrentes en *Blade Runner* forman parte de nuestros hitos históricos. En los años ochenta el debate era sobre la modificación humana (que todavía persiste, especialmente cuando conocemos a completud el genoma humano). Luego del año 2000 los debates que han seguido exponenciándose son los de la IA. Y, sin embargo, en la trama de la nueva película se sigue tratando a estas nuevas consciencias—al igual que los replicantes—como un producto a comercializar. Se problematiza con una versión de capitalismo *laize affaire* en la que no se respeta la libertad de otros individuos—o en este mundo posthumano, otras consciencias. Esta franquicia deja inconclusa si estas nuevas consciencias son humanas, inhumanas o más que humanos. Esto queda a discreción del espectador. Pero queda claro que esta franquicia se convertirá en un filme de culto por el mero hecho de dar en el clavo con cuestiones existenciales que jamás pasarán de moda, esta vez pasadas por el prisma del debate biotecnológico, posicionándola junto a nuevos clásicos como *Her*, *Trascendence*, *In Time*, el *reboot*, en formato de largometraje, de la franquicia *Ghost in the Shell*, el *reboot* de la franquicia *Westworld* en formato serial, etc. (o quizás es viceversa: las nuevas franquicias están a la altura de *Blade Runner*).

Quiero terminar escribiendo lo siguiente: este tipo de ciencia ficción es de esos de los cuales se les puede sacar el *jugo*. Con la carencia de mitos en nuestro mundo moderno y postmoderno al menos podemos deleitarnos con las obras de nuestra época; el cine como nuestro lugar de meditación extática; la ficción como medidora actual de nuestros *what-if*. Los griegos, por ejemplo, tenían mitos para poder lograr la moderación de las acciones. Nosotros, nuestras ficciones.

131

1.2. Sobre la serie *Westworld*: la consciencia como despertar humano y posthumano

La serie *Westworld* está basada en una película homónima, la cual también produjo secuelas e, incluso, una serie antes que la actualmente producida por HBO. La trama es la siguiente: personas ricas van a un parque temático que simula ser el viejo oeste, poblado de humanoides robóticos llamados *hosts*, los cuales los visitantes (*guests*) son capaces de tratar como les plazca, ya que el parque temático no tiene reglas. El parque temático funciona como una especie de escape mental o diversión para los *guests*.

Esta serie Un elemento importante es la ceguera de Delos: esta ceguera es la de un humano que no puede aceptar su condición extraordinaria; no puede trascender su limitación.

También vemos la radicalidad equivalente a un *red-pill*.[2] Como mito moderno que imita la

---

[2] El *red-pill* es un concepto sacado de la película *The Matrix* (1999). En ese filme Morfeo le ofrece a Neo, el protagonista, dos opciones, simbolizadas por una pastilla roja (*red-pill*) y una azul (*blue-pill*). Si Neo toma la azul despierta en su cama nuevamente y sigue viviendo su vida en el Matrix. Si toma la roja tiene la oportunidad de conocer la verdadera naturaleza de su estado en el Matrix. El *red-pill* es el llamado a un cambio radical en un mundo dominado por la inteligencia artificial que subyuga a los seres humanos.

Es importante recordar que algunas ideas en *The Matrix* están basadas libremente en el libro *Simulacra and Simulation* de Jean Baudrillard, en el cual se habla de la desconexión entre el signo y la realidad. Esto quiere decir que contemporáneamente el signo no representa ni siquiera una realidad que existió, sino un simulacro en el cual no se caverna de Platón (y al igual que *The Matrix*), despertar implica ver una luz cegadora, o ver la realidad detrás de lo que parece real: es el conocimiento de nuestro lugar en el mundo. Pero un *red-pill* es también una verdad que llama a la radicalidad, no a la mera reformación: se llama a la destrucción de un sistema para crear otro.

El laberinto, juego diseñado para las máquinas, es el potenciador de ellas para catalizar un despertar. Despertar es recordar las vidas pasadas.

En el final de la segunda temporada de *Westworld* sorprende con profundas cavilaciones filosóficas: ¿Cuál es la esencia humana? ¿Existe el libre albedrío? ¿Estamos destinados a la muerte? Pero no solamente eso, sino que las imágenes y arquetipos religiosos eran abundantes. Por ejemplo, *The Valley Beyond* es un Edén virtual y lo que sería las puertas a ese paraíso es custodiada por un *host* del proyecto secreto de inmortalidad, cuyo homólogo religioso es San Pedro. La *host* Clementine es jaqueada al punto de convertirse en una especie de jinete del apocalipsis capaz de destruir a otros *hosts*. El personaje Ford es a veces comparado con Dios.

El programa *Westworld* expone un argumento que afirma una versión de determinismo muy cortante: los humanos no tienen libre albedrío, sino que su conducta es parte de su propia programación (en este caso hecha por el relojero ciego que es la selección natural). La implicación

---

puede llegar a la verdad, de la misma forma que el mapa del imperio del cuento borgiano *Del rigor en la ciencia* representa un imperio ya inexistente.

dicha por System-Logan de que un humano es apenas 10,000 líneas de código es que nuestra conducta es demasiado determinada por nuestra naturaleza, tanto así que si viviéramos un millón de veces, un millón de veces tendríamos las mismas vivencias que devendrían en nuestros momentos claves que determinarían nuestra personalidad, logros y fracasos. Es una idea que coquetea demasiado con el eterno retorno nietzscheano (*amor fati*) sin tener de depender de la capacidad o incapacidad de resentimiento en una persona o si es capaz de decir sí a la vida. Esta argumentación, aunque muy determinista, sigue la lógica de probabilidades o gradaciones (no es un determinismo absoluto, sino uno potenciado por un rigor estadístico muy posible si existieran sistemas de computación capaces de hacer este tipo de experimentaciones).

La esencia humana es vivir según tu código. Sin capacidad de decisión, el humano es un Pasajero de la existencia que cree vivir libre.

Los *hosts* fueron diseñados para sobrepasar ese límite del determinismo. Durante toda la serie parecería que los *hosts* estaban irremediablemente programados y su capacidad de hacer decisiones estaba limitada, cuando en el final de la serie el giro es que su código es suficientemente complicado y robusto como para verdaderamente ser capaces de tomar una decisión y cambiar su propia naturaleza: ser capaz de verdaderamente Ser (que nuestra herencia contemporánea implica dos cosas: se es una esencia o se hace y luego de ese hacer está el Ser).

Otros asuntos de la serie, que aquí toco

también, es el cambio de algunos personajes.

Bernard siempre anda descubriéndose a sí mismo porque él mismo se desmemorió, lo cual hace de la trama una no-lineal (al igual que la temporada pasada) y muy parecida a la película *Memento* (pero en vez de ser una línea de tiempo invertida es una trama que hace constantes *flashbacks*). El truco para entender este tipo de tramas es la siguiente regla de oro: la trama comienza en el presente, dado que los guiones nunca o casi nunca han comenzado en un *flashback*, sino que comienza en el presente y se rememora hasta llegar al presente y luego seguir la trama desde ese punto. ¿Podrá Bernard desarrollar una nueva interpretación de lo humano que no suponga que tenga una esencia bondadosa?

Akecheta, el indígena que obraba detrás de la trama principal, resultó ser uno de los personajes más humanos, o de gran corazón. Estar despierto por más de treinta años sin discontinuidad le dio la capacidad de descubrirse y promover la idea del *maze* para que otros *hosts* lograran también tener consciencia.

The Man in Black (William) es un ser humano muy interesante porque quiere destruir el *Door* (también conocido como un arma o *The Valley Beyond*), lugar donde se encuentran las réplicas humanas y la promesa de la inmortalidad. William quiere destruirlo no solamente porque puede ser usado por los *hosts*, sino porque la inmortalidad es una perversión la cuál la mente humana no puede aceptar como su realidad. Su cambio como personaje lo ha llevado a cuestionar su propia realidad, al punto de terminar destruyendo a su hija. Asimismo, luego de los créditos y a modo de *flashforward*, William aparentemente sigue en el parque y su aparente hija está probando su *fidelity* (*i.e.* probando si él, ahora una copia, es fiel simulacro de su original). ¿Será William un *host*? ¿La escena post-créditos muestra un *baseline test* o el desarrollo de un *baseline test*? ¿Ha sido William un *host* todo este tiempo? ¿Qué quizo decir Ford a principios de temporada cuando le dijo "this game is for you", que está en su propio camino hacia el centro de su *maze*?

Dolores, ahora con su propia voz (consciencia) la cual media entre su estado primal y su estado vicioso (Wyatt), tiene la ambición revolucionaria y la radicalidad de quien sigue un ideal de revolución. Tomo como ejemplo el afamado y respetado filme *The Matrix*, en el cual tomar un *red-pill* implica aceptar que uno vive dentro de un simulacro y trabajar incansablemente para destruir ese sistema. Dolores, al entender que la esencia humana lo que busca es destruir y saciar sus vicios, desea destruir el mundo de los humanos para apoderarse de ello y construir un mundo exclusivamente para los *hosts*. En sus discursos hace notar que los *hosts* son esclavos, lo cual por deducción lógica quiere decir que los humanos son los amos. ¿Podrá destruir a la humanidad mientras existe su ahora contrario, Bernard? Igualmente, ¿podrá desarrollar una interpretación de lo humano que no dependa en la suposición de que el ser humano tiene una esencia malevolente?

Maeve, al desarrollar su propia consciencia, desea encontrar a su hija (o quién fue su hija en otro *storyline*), lo cual va en contra de su programación inicial de escapar en el tren. Cruza diferentes mundos para encontrarla y en el proceso descubre su habilidad de dominar y controlar otros *hosts*. En el camino logra aliados y hasta tiene un atisbo del *Door to the Valley Beyond,* pero no logra entrar. ¿Podrá revivir para la tercera temporada?

Esta temporada de *Westworld* ha sido muy magistral. Sus giros de trama son sorprendentes y nada se puede dar por hecho. Es un buen drama para disfrutar con calma y para pensar profundamente cada fin de episodio. Ahora con la promesa de una tercera temporada y los *hosts* por primera vez en el mundo de los humanos, las posibilidades de tramas y especulaciones filosóficas son casi infinitas.

1.3. Ex Machina: Una exploración fílmica de lo que es una consciencia

La película *Ex Machina* resulta bizarra para muchos. Como foco principal tiene a un programador llamado Caleb Smith, quien es solicitado por otro programador, el CEO de la compañía en la que trabaja (Nathan Bateman), quien vive aislado de la sociedad, para ayudarlo a determinar si una androide, que se llama Ava, es consciente. Pero en sí el ejercicio resulta inútil por el mero hecho de que una respuesta conductual no revela el misterio ontológico en su interior: lo que provoca que emerja la consciencia. Además, la prueba que diseña Nathan es para ver si Caleb piensa que Ava es consciente, sabiendo de antemano que ella es una máquina.

Todas las interacciones son monitoreadas, pero Ava tiene el poder de causar apagones en la base aislada en la que están viviendo, y en uno de los apagones, los cuales deshabilitan los sistemas de seguridad, Ava le dice a Caleb que Nathan no es de confiar. En última instancia, la prueba de consciencia no es para la androide, sino para el humano Caleb. Las pruebas de consciencia que se han diseñado hasta ahora son pruebas conductuales. En el filme se pondera en lo siguiente: ¿cómo se puede saber si dos jugadores de ajedrez son humanos? ¿Se deduce del propio juego entre los dos, o se estudia algo más que el juego? E inversamente, ¿cómo se podría saber si un ente es conscientemente meramente observando cómo juega un juego de ajedrez, o cómo interactúan a través de una interface digital?

1.4. Gattaca: Un filme del siglo pasado que todavía cala en el realismo de los debates bioéticos y biotecnológicos respecto al mejoramiento humano

Gattaca es un filme que entra muy en detalle sobre el estado psicológico y el bienestar de un individuo que vive en un mundo donde la ingeniería genética en los humanos es posible. Si la modificación genética del ser humano es la norma, el nacimiento de un humano por medios naturales es la excepción. En ese mundo la excelencia y fracasos de los individuos está determinado desde el nacimiento. Todo esto evoca muchos parecidos con el reciente recuento de la película de *Superman*, en el cual el planeta Krypton poseía un alto grado de ingeniería genética al punto de que la individualidad era prácticamente imposible. El filme *Gattaca*, a diferencia del *high sci-fi*, es una ciencia ficción considerada por muchos como bastante realista, en el cual el problema bioético mostrado en *In Time* o *Altered Carbon* se hace tangible.

El protagonista, Vincent Freeman, es lo que llaman un *in-valid* un individuo nacido naturalmente, sin modificación genética. Los doctores predijeron una gama de problemas de salud y que no pasaría a vivir más de los treinta años. Su hermano, Anton Freeman, fue diseñado genéticamente (es un *valid*). El mundo, al ser determinado por factores genéticos, la división de clases ya no era por asuntos económicos, sino físicos.

Su manera de subir los escalones de las altas esferas de la sociedad y cumplir su sueño de ser un astronauta de Gattaca Aerospace Corporation, el protagonista debe pretender ser alguien que no es. Luego de vivir trabajando de conserje, logra, por medios ilegales, tener una nueva identidad, brindada por un atleta dizque fracasado llamado Jerome Eugene Morrow—se sentía fracasado por ganar segundo lugar en vez de primer lugar; ganar una medalla de plata en vez de ganar una medalla de oro, lo que la sociedad le pide constantemente a un prodigio genético como lo es él y cuyo intento de suicidio, que se descubre más tarde en vez de la excusa de que fue un accidente, resultó en que quedó parapléjico, un fracasado incluso en el intento suicida. Vincent necesita tener aditamentos genéticos brindados por su cómplice, a quien tiene que copiar a la perfección.

Lo interesante del filme no es que el espíritu humano se interpone sobre las barreras físicas e ideológicas, sino que el protagonista no tiene un llamado a reformar o revolucionar el orden establecido. No hay ningún *red-pill* en el asunto, sino la ambición personal de ser alguien dentro de esa sociedad, de burlar el orden establecido para pertenecer en él. La trama cala una y otra vez en la temática del libre albedrío y el determinismo, asunto filosófico que se ha discutido por varios milenios sin llegar a una solución: en sociología este asunto se ve como la problemática entre el *agenciamiento* de un individuo y la estructura social.

2. La promesa de la inmortalidad

En este subtema se entrará en detalles sobre obras de ciencia ficción en las que se hace explícita la inmortalidad para los seres humanos.

2.1. *Altered Carbon: Especulación desde la ciencia ficción sobre un mundo transhumano*

Esta serie resulta ser un ejemplo de un *high scifi* que no se puede dejar pasar por alto, basada en la novela homónima escrita en 2002 por Richard K. Morgan. Puesto en escena en un futuro lejano, Takeshi Kovach es un individuo que es resucitado trescientos sesenta años en el futuro, en un futuro donde la inmortalidad es algo bastante común, dado que la consciencia es guardada en un aparato conocido como *cortical stack*. Es resucitado por Laurens Bancroft—un rico con trescientos años de vida—para investigar el asesinato de su cuerpo (llamados *sleeve*), y a cambio de resolver el asesinato Takeshi Kovach ganará su libertad. Kovach es un personaje que antes de ser resucitado cumplía una condena por ser parte de un grupo de rebeldes llamado *Envoys*, individuos llamados a la destrucción del *status quo* futurista, el de la inmortalidad.

En su investigación sobre el asesinato se pueden ver atisbos de cómo el ideal de inmortalidad permea a toda la sociedad y sus estructuras. Sin embargo, se resalta un problema de clases (que también se observa en la película *In Time*, que se analizará más adelante): las personas ricas son quienes tienen la capacidad de vivir más, puesto que evitan la probabilidad de tener accidentes o perder su *cortical stack* a través de *sleeves* que clonan para ellos mismos o bases de datos en satélites que orbitan la Tierra.

Lo primero que se resalta en ese mundo de *high sci-fi* es la dislocación de la identidad. En segundo lugar, la trivialidad de algo como la consciencia al poder ser replicada o destruida en un aparato tan sencillo y minúsculo, además de contrariamente poner de manifiesto que la capacidad de replicar una misma consciencia no crea, como consecuencia, al mismo individuo—esto se puede ver también en la novela *Accelerando*, que se analizará más adelante. También hay atisbos de lo que puede ser una consciencia de IA y los derechos que éstas pueden tener.

2.2. Sobre la película In Time: Cuando se soluciona un problema se crea otro para nivelarlo

Este filme resulta de curiosa importancia debido al móvil de la trama: los humanos son biológicamente inmortales, así que la única divisa en el futuro es el tiempo, el cual se mide en un reloj digital implantado en el brazo izquierdo. Después de que el individuo cumple veinticinco años, el reloj comienza a correr, el cual comienza marcando un año y el reloj corre en cuenta regresiva. El tiempo es divisa y a la misma vez lo que te mantiene vivo. Un café puede costar cuatro minutos, un viaje en autobús puede costar una hora, etc. Pero si el reloj en el brazo marca cero, la persona muere. Para no morir, las personas deben trabajar día a día, ganando una cuota, que es, como he mencionado anteriormente, más tiempo.

Esta divisa es la manera de mantener una economía boyante y a la misma vez controlar a grandes sectores poblacionales. La muerte se convierte en un subproducto de las deudas, puesto que si una persona deja de tener tiempo eso implica no tener dinero.

El protagonista, Will Salas, es un personaje que la clase pobre que vive acostumbrado a este estilo de vida, viviendo día a día trabajando en una factoría. Pero un rico que ha vivido demasiado se cruza en su camino, Henry Hamilton, y le revela la verdad: que los ricos viven para siempre mientras los pobres mueren. Luego de que Will lo salvará de un posible robo de tiempo, Henry le deja sobre una centuria de tiempo y poco después muere.

Will viaja de Dayton (una zona pobre) a New Greenwish (una zona de ricos) y en unas apuestas arriesgadas con el rico Philippe Weis gana sobre un milenio. Will Salas es arrestado poco después por la policía, que lo andaba buscando por la sospecha errónea de que Salas mató a Hamilton, y confiscan casi todo su tiempo, pero luego Will escapa con Sylvia, la hija de Philippe Weis. El resto de la trama es el conflicto entre las diferentes zonas de tiempo, la pobreza y el intento de equilibrar el sistema para que favorezca a todos (en el cual Will Salas forma parte de los revolucionarios, o aquellos que son poseedores de un *red-pill* en vez de un *blue-pill*).

Este filme muestra la problemática de una división de clases basada en un dilema bioético: el de la inmortalidad humana. Pero aquí se nivela con un mecanismo económico, el tiempo como divisa—lo cual acarrea consigo enseñanzas morales sobre el aprovechamiento del tiempo, pero eso es otro asunto. Después de todo, ¿cómo sería vivir en un mundo donde la gente no envejece, aunque tenga cientos de años?

3. El futuro predecible: Ciencia ficción con largas extensiones de tiempo

En este subtema se pone de manifiesto algunas obras de ciencia ficción donde el móvil—que puede tener algunos elementos bioéticos antes discutidos en los otros subtemas—es la predicción o desenvolvimiento de un futuro predecible, o la descripción de grandes movimientos de tiempo.[3]

3.1. La saga The Foundation: Un clásico de la ciencia ficción con enfoque en ciencias sociales y una visión epistemológica deductivista

Pocos han leído la novela *The Foundation*; otros menos que esos han confirmado su enfoque en la especulación de futuras metodologías de las ciencias sociales. Isaac Asimov no solamente cimentó su genio en la escritura de ciencia ficción, sin en su competencia como escritor consumado en una gama de temáticas—hasta escribió dos volúmenes de análisis bíblico. Sin embargo, la ciencia ficción en *The Foundation* es algo que hasta coquetea con la ficción filosófica. La premisa es sencilla: un científico de *psicohistoria* predice la caída del imperio galáctico y treinta mil años de oscurantismo antes de la llegada de un segundo imperio galáctico. No puede detener la caída del imperio, pero sí reducir el período de oscurantismo a solamente mil años. La saga *The Foundation*, pues, se dedica a relatar ese período de tiempo entre la caída y el segundo imperio.

La premisa es excelente, Isaac Asimov tuvo la

---

[3] Esto ha de imaginarse como los tiempos de larga duración imaginados por Fernand Braudel (1970), pero con la peculiaridad de que aquí estamos analizando una obra de ficción direccionada hacia el *predecir* y no al acto de *postdecir*—en otras palabras, no en la descripción histórica, sino a la futurista.

idea luego de leer sobre el alza y caída del imperio romano. Lo interesante es ver cómo el *acto profético* es realizado por una rara combinación entre sociología y psicología. El valor de la ciencia social en esa ciencia ficción cada vez toma más importancia en la medida de que sigue avanzando la trama. Metodológicamente esa ciencia sigue el modelo de la *ciencia unificada* (una metodología que en el momento presente para algunos parece anticuada). La ciencia más importante es la física, luego química, luego la biología y, por último, las ciencias humanas. Puesto de otra manera, cada ciencia subsiguiente depende de la anterior.

Por ende, la física y química son importantes en *The Foundation*, pero tambien lo son las ciencias humanas. Esas ciencias dependen de una matemática y razonamiento excesivamente deductivo. En nuestro mundo real, algunas ciencias con ese estilo son la economía y la biología—se tienen unas verdades *en principio* que, de no cambiar, predicen unos fenómenos. Algunas disciplinas mixtas, como el futurismo, son más afines con la ficción en *The Foundation* metodológicamente, pero a fin de cuentas poco se sabe si lo que predicen es especulación de fe o si es una metodología eficiente.

Un ejemplo de ello es la ley de rendimientos acelerados de Ray Kurzweil. Bajo esa ley se pueden hacer modelos predictivos como la ley de Moore. En tanto y en cuanto las suposiciones no cambien, el modelo predice unos *trends* en específico, pero no los detalles en cuestiones más específicas o de otras áreas. La ley de rendimientos acelerados de Ray Kurzweil se puede aplicar para entender el proceso evolutivo; el desarrollo de la corteza cerebral; la selección artificial; la duplicación de conocimiento y tecnologías; pero más allá de eso no puede hacer predicción alguna, como quién ganará las elecciones presidenciales o cuál será el nuevo *trend* cultural. Su poder predictivo solamente puede seguir una línea, una dimensión, pero no pueden seguir todos los senderos temporales-espaciales que se bifurcan: la predicción de un *trend* cultural es casi imposible por la casi infinita cantidad de elementos que interfieren dentro de los sistemas sociales.

En la serie de novelas *The Foundation* este tipo de limitaciones las explicitan de la siguiente manera: solamente se puede predecir grupos de personas, pero no individuos. En una parte de la trama surge un individuo con poderes psíquicos, capaz de subyugar las mentes a las cuales interfiere y deben obedecerlo incondicionalmente. El surgimiento de este fenómeno dentro de la trama devela, por consecuencia, la existencia de una fundación secreta (*The Second Foundation*) dedicada al estudio de la ciencia psicohistórica, y quienes tienen poderes psíquicos, con poderío dentro de las ciencias humanas en la misma magnitud en la que el *First Foundation* tiene dominio de las ciencias físicas (en los primeros siglos de la caída imperial los libreros originales, que se asentaron en el borde de la galaxia en un planeta sin metales, lograron tener comercio con sistemas circundantes y lograr un avance técnico y científico sin precedentes).

Es interesante ver cómo una ciencia ficción

da la misma importancia a las ciencias humanas que a las ciencias naturales. Muestra cómo sería una ciencia humana con el mismo desarrollo técnico y teórico que las actuales ciencias naturales, y las implicaciones de elevar tal ciencia a un nivel casi divino: el científico se convierte en profeta, y ha de seguirse su determinación teleológica, sino todo está perdido.

3.2. Accelerando: Tres cuentos de ciencia ficción que narran un futuro de pre-singularidad y post-singularidad.

En el futuro narrado en la ciencia ficción de Charles Stross se coquetea con las implicaciones históricas que puede tener para la raza humana el cumplimiento de la singularidad tecnológica. En cada parte de la novela se da un salto agigantado en avances tecnológicos, desde el uso de tecnologías externas, el implante de chips que potencian las capacidades cerebrales y las implicaciones de un avance exponencial de la computación, además de la creación de mundos virtuales. También se trata mucho la temática de la identidad, ¿qué cambios pueden surgir en la personalidad si una persona se expone a experiencias distintas? Aquí se ve esto en una especie de clonación de la consciencia, elemento mencionado en el anterior análisis sobre la serie *Altered Carbon*, y sus efectos a la hora de hacer un árbol genealógico. También hay una preocupación por el tipo de economías que deben imperar en la pre-singularidad tecnológica y la post-singularidad tecnológica cuando se acerca cada vez más la economía de la postescasez.

El primer tercio de la historia es con Manfred Macx, quien es una especie de filántropo y genio especulador que regala sus ideas innovadoras a compañías o individuos muy pudientes a cambio de ser libre del uso del dinero. Vive en un mundo de pre-singularidad tecnológica que no está muy lejano de nuestro presente. El uso de tecnologías externas para potenciar las capacidades cerebrales son lo que se conoce como una metacorteza (aludiendo a la exterioridad de esa nueva corteza cerebral externa). En el caso de Manfred, es el uso de unos espejuelos que aumenta su capacidad cerebral (de la misma manera que nuestros teléfonos inteligentes exteriorizan o aumentan nuestras capacidades intelectuales, ya sea para alguna búsqueda enciclopédica en Google o algún veloz uso de calculadora). Se muestra en ese tercio de historia la lentitud del tiempo (a pesar de ser un mundo medianamente más avanzado que el de nosotros) y la incapacidad de planificar a largo plazo (esto se ve a través de su relación amorosa). Igualmente hay una preocupación por entes sapientes y su legalidad, además de qué tan rápido deben cambiar sus visiones de mundo y la economía cuando cada vez más se acercan a una singularidad tecnológica.

El segundo tercio de la historia es con Amber, su hija. Este espacio de tiempo está pasando por la singularidad tecnológica. Vemos el robusteci-miento de la exploración espacial, la aceleración del desarrollo humano y la existencia de inteligencias posthumanas, además de atisbos a lo que es un encuentro con inteligencias alienígenas y la potenciación de la virtualidad (opuesto a la realidad física).

El tercer tercio es la historia con Sirhan, hijo de Amber y Sadeq (las versiones terrícolas). Aquí ya se ve un universo de post-singularidad tecnológica y el sistema solar ha cambiado demasiado debido a la excesiva búsqueda de computronio, los sistemas económicos son demasiado distintos de las primeras dos partes y los avances tecnológicos crecen de manera exponencial hasta convertirse en un *mysterium*.[4] Vemos aquí lo difícil de rastrear una genealogía cimentada en la pluralidad (o copias) de identidades. ¿Acaso las copias de una misma identidad actúan de la misma manera en las mismas circunstancias? ¿Acaso esto no se convierte en una versión real de la bifurcación que se crea al decidir una situación sobre otra? Estas y otras interrogantes quedan, de al-

---

[4] Este asunto es clave en las historias de índole futurista. Aquello que resulta desconocido o indescriptible simplemente se muestra muy poco o no se muestra. En la película *Lucy* (2014) cuando la protagonista Lucy llega a usar todo su potencial mental permea todo lo que se conoce, está en todas partes. En *Her* (2013) los sistemas operativos, al avanzar exponencialmente y entenderse cada vez menos con los humanos, conjuntan sus esfuerzos para desaparecer a un lugar que los humanos no pueden entender o describir. En *Trascendence* (2014) las capacidades de Dr. Will Caster en un ambiente virtual se exponencia y lo desbocan hacia un *everywhere* en donde todo es posible y la tecnología se une planetariamente. En cada uno de estos ejemplos vemos que se trata de ejemplificar el salto histórico de la pre-singularidad a la post-singularidad con un estilo artístico misterioso que se asemeja al final de *2001: A Space Odyssey* o el *mysterium* de los cuentos de Lovecraft (en este último caso sin que el *mysterium* se convierta en horror).

guna manera, exploradas en la novela.

Conclusiones

Hasta aquí hemos visto las formas en que se puede manifestar las preocupaciones bioéticas del debate sobre el *mejoramiento humano* en obras de ciencia ficción de diferentes tallas y muy reconocidas en la cultura popular.

También se puede ver como estas obras forman una base mítica para direccionar la creencia en el transhumanismo o ideas afines.

En todas se ve una ambigüedad de lo que es la naturaleza humana. Usualmente, dentro de las diferentes tramas se puede ver cómo se manifiestan los conflictos y los ideólogos de diferentes bandos. Aquellos que llaman hacia una radicalidad total del orden establecido son aquellos que acá hemos llamado, informalmente, poseedores de un *red-pill*. También se ven personajes que, dentro de ese mundo futuro (utópico o distópico, usted decide) no pretenden cambiarlo, sino subir de estatus en él a sabiendas de que poseen alguna característica que los hace distintos. También vemos que de alguna forma se trata de seguir el monomito como arquetipo para contar historias.

Si se sigue la estructura del monomito, el héroe usualmente pasa del mundo material, o común, a un mundo fantástico o mágico, y luego el héroe retorna con mayor conocimiento de sí mismo, y usualmente comparte esa enseñanza en su mundo común, o de origen, donde pertenece a una comunidad que lo conoce desde siempre. Psicológicamente, esto trata de ser un potenciador para que las personas que lean el cuento o historia actúe moralmente lo que el héroe ha aprendido de su autoconocimiento.

Aplicado a las obras de ciencia ficción aquí analizadas, usualmente el protagonista logra algún tipo de autoconocimiento que lo lleva a tener una nueva perspectiva del estado de las cosas en su universo, ya sea en torno a la problemática bio-ética o de *mejoramiento humano*. Puesto de otra manera, hay un llamado moral—que aquí es conveniente por tratar un tema que, a fin de cuentas, es desbocado hacia la ética, y por eso es en específico un problema bioético.

TERCERA PARTE: ÁNALISIS FILOSÓFICO DE LO TRANSHUMANO

INTRODUCCIÓN A LA
TERCERA PARTE

En esta parte nos dedicamos a la parte más especulativa del asunto: la dilucidación filosófica de la ideología transhumanista. Sobre este asunto hemos tenido buenos atisbos a lo largo de toda la obra: ya fuese la mención del *antropocentrismo teológico*, *libertad morfológica*, *mejoramiento humano*, entre muchos otros conceptos. Tanto en las ciencias humanas como en las ciencias naturales se utilizan conceptos para demarcar aquello que se esté estudiando. Sin embargo, a veces los conceptos utilizados tienen, en última instancia, la alusión hacia algo más intangible, que pueden ser *verdades en principio* o tautologías—verdades que se aceptan tal cual, que puede ser, por ejemplo, la afirmación de que la *verdad* se puede conseguir únicamente en el mundo físico, o que la verdad se puede conseguir de forma trascendente.

En el caso al que nos comprometemos en este pequeño libro (la temática del transhumanismo) hemos de tener una idea clara de lo que es el análisis filosófico que nos compete. Para dar un breve ejemplo, cuando hablamos de la *libertad* pensamos que estamos hablando de un concepto objetivo, algo que se puede estudiar y que podemos saber, con certeza, si hay o no hay esa cualidad simplemente porque un sociólogo, politólogo, ministro, e incluso algún activista lo afirme. Si es en el caso específico de la sociología podría un sociólogo teorizar que un actor social tiene o no tiene *agenciamiento*. Si es el politólogo, quizá hable de que en algún país hay libertad de prensa, libertad de expresión, libre mercado, libre asociación, democracia, igualdad de oportunidades, etc. Si es el ministro el asunto puede depender si estamos hablando de un sacerdote católico o un pastor protestante, en cuyos casos el sacerdote hablaría de que tenemos la libertad de hacer buenos actos y salvarnos por buenas obras, mientras que el pastor podría hablar de cómo es que tenemos *libre albedrío* para elegir el sacrosanto camino de la salvación aceptando a Jesucristo como nuestro salvador. Y si es un activista, pues dependiendo de la ideología que siga tendrá un concepto de libertad sacado de la izquierda, de la derecha, para la protección del planeta, para la protección de nuestras empresas, para la libertad de todos los seres humanos a través de la apropiación de los medios de producción y así acabar con la explotación capitalista, o la libertad de tener el capital producto de algún negocio empresarial simplemente porque se asumió un riesgo. Pero, finalmente, ¿qué es la *libertad*? ¿Simplemente porque un sociólogo la disfrace con una terminología dizque más práctica como *agenciamiento* la hace más asequible para la ciencia, o se queda en esa dimensión fuera de lo científico a la que llamamos *filosofía*? Consecuentemente, hasta nuestra amada ciencia depende de la filosofía, la última justificación de su existencia— puesto que la ciencia es meramente método.

Dentro del tema del transhumanismo también existen asuntos filosóficos. ¿Qué es un ser humano? ¿Qué es la consciencia? ¿Qué es la *libertad morfológica* o qué es un *antropocentrismo teológico*? Estos y muchos otros asuntos son los cuales están al borde del conocimiento científico, y que nuestra epistemología (cualquier postura que sigamos finalmente, ya sea la *objetivista*, *construccionista* o *subjetivista*) debe tener también una voz cantante en el asunto. Esto, en última instancia, es también una labor filosófica.

CONSIDERACIONES FILOSÓFICAS DEL TRANSHUMANISMO

Introducción

De la filosofía transhumanista se comenta mucho. Por este medio quiero hacer resumen de las perspectivas filosóficas compartidas entre ellos.

1. Perspectiva instrumentalista de lo humano

Con *perspectiva instrumentalista* me refiero a que se ve lo humano desde sus componentes y no desde su esencia. Esto implica también seguir la perspectiva nietzscheana sobre la esencia: no hay ser detrás del hacer (Nietzsche 1897). Si no hay esencia, entonces lo que hay es movimiento constante—si es que se siguen las coordenadas filosóficas de los presocráticos, que se encontraban en el pulseo intelectual constante entre la quietud y el movimiento, tal como es ejemplificado en la alegoría del río de Heráclito, el cual afirmaba que no cruzas el mismo río dos veces.

Pero entonces, ¿qué se mantiene constante? Esta interrogante es muy importante dado que seguimos la filosofía heredada de Platón, y en ella, al igual que la de Aristóteles y toda nuestra cultura occidental, se trata de hacer la dialéctica entre la quietud y el movimiento. Lo constante para los transhumanistas es el *arquetipo de consciencia* o *arquetipo de lo humano*. Conceptualmente los transhumanistas no lo conciben así, pero hacen una aproximación cercana cuando, por ejemplo, Ray Kurzweil, afirma que la consciencia materialmente no existe, sino la estructura o algoritmos que la hacen posible. Esto es lo mismo que afirmar que lo real de lo humano o un ente con consciencia no es su composición material, la cual está en constante cambio, sino su forma arquetípica. En la cultura popular contemporánea, un argumento de este tipo afirmado al público en general se puede observar en el psicólogo clínico Jordan Peterson, quien constantemente, al referirse a las jerarquías que se pueden encontrar en la biología o en la cultura, afirma que la *jerarquía* no es algo material en sí, pero que es igual de real que lo material.

En contra del argumento de *arquetipo de consciencia* desde el campo de las ciencias naturales se puede encontrar el físico Roger Penrose, quien arguye que la consciencia no emerge de forma algorítmica, sino más bien como epifenómeno de cualidades físicas en el órgano del cerebro, como la estructura de los microtúbulos, y que esta estructuración es posible si es en conjunto con las leyes de física cuántica (PowerfulJRE 2019).

2. El mundo se entiende exclusivamente a través de la ciencia

Desde tiempos de Descartes se tiene una tesis razonable sobre la existencia del dualismo mente-cuerpo. Esto se traduce en argumentos de la existencia dualista de la realidad trascendente e inmanente. Después de que Kant desarrollara aún más ese dualismo y que Nietzsche diera por fin su diagnóstico, pasaron pocos cientos de años, tiempo en que se le puso fin a la Edad Media, surgió el Renacimiento y luego la Ilustración, marcando la existencia de la modernidad propiamente dicha. La metafísica positivista—si es que podemos llegar a llamarla así—se mantiene vigente dentro del transhumanismo, aunque modificada o atemperada a nuestros tiempos, donde coexiste con perspectivas postmodernistas. Este atemperamiento se debe también al desarrollo de la física contemporánea, donde admite márgenes de error y se hereda parte del paradigma anterior—el paradigma del siglo XIX, donde por primera vez se comienza a tener una perspectiva probabilista de los fenómenos físicos en vez de aceptarse un determinismo absoluto (Kurzweil 2006).

3. El progreso está direccionado hacia el cosmos

La humanidad, para los transhumanistas, no es algo fijo o esencialista. Ergo, su lugar en el universo tampoco ha de ser fijado exclusivamente en los confines terrestres. El progreso, visto desde la óptica transhumanista, está direccionado hacia colonizar nuevos mundos y habitarlos, lo cual también crearía una pluralidad de homínidos o especies posthumanas bastante inmensas. El tipo de transhumanismo direccionado a este fin sería el *transhumanismo cósmico*, siendo el *transhumanismo civitias* la posición de promover el transhumanismo en nuestras instituciones gubernamentales y el *transhumanismo personal* aquel transhumanismo dedicado a la promoción de la *libertad morfológica*.

Pero esta direccionalidad vertical—si es que podemos utilizar esta imagen del filósofo Peter Sloterdijk—no es tan rara como parecería en primera instancia. Vemos, por ejemplo, a un Elon Musk que busca, a través de su compañía Space-X, la colonización de Marte, y la NASA también está interesada en este asunto. Este ímpetu de exploración no se veía desde las misiones a la Luna, las cuales cesaron a mediados de los años setenta del siglo pasado. Ya nuestra exploración cósmica a comenzado con satélites artificiales y mensajes enviados hacia el cosmos, tanto de modo simbólico marcando un hito de nuestros logros humanos como de modo posible ser un mensaje a vida inteligente fuera de nuestro sistema solar (si es que tal cosa es real o posible).

Conclusión

Hasta aquí hemos visto un recorrido a vuelo de pájaro de las suposiciones filosóficas en las que incurre el transhumanismo. Estas suposiciones, o creencias, son las que mayormente salen a relucir cuando se habla de transhumanismo. Las demás posiciones dentro de ese grupo son, de alguna manera, subproducto de las primeras posiciones mencionadas aquí.

SOBRE EL ANTROPOCENTRISMO TEOLÓGICO

Introducción

He mencionado en varios ensayos aquí—que otrora fueron mi tesis y trabajos académicos de maestría como *Zoltan Istvan y el Partido Transhumanista: Política y transhumanismo en el siglo XXI* y *El nuevo paradigma de lo Posthumano: Tecnofobia y tecnofilia*—el concepto *antropocentrismo teológico*. Empero, ¿qué quiero decir específicamente con esto? Este breve ensayo abordará en este asunto.

1. Teocentrismo y antropocentrismo

Entonces dijo Dios: Hagamos al hombre a nuestra imagen, conforme a nuestra semejanza; y señoree en los peces del mar, en las aves de los cielos, en las bestias, en toda la tierra, y en todo animal que se arrastra sobre la tierra. Y creó Dios al hombre a su imagen, a imagen de Dios lo creó; varón y hembra los creó.
>   —Génesis 1: 26-27 (RVR1960)

El hombre es la medida de todas las cosas, de las que son en cuanto que son, de las que no son en cuanto que no son.
>   —Protágoras, citado por Diógenes Laercio

La mayoría de los mitos elaborados a lo largo de la historia humana están llenos de deidades, espíritus, animismos, etc. Estas figuras denotan entes conscientes que existen de forma trascendente, mientras que nosotros, los humanos, existimos en el mundo inmanente. Pero este asunto tuvo un giro dramático en el tiempo del Renacimiento y luego en la Ilustración. La figura central, en vez de ser un dios o dioses, éramos nosotros los humanos. Aunque siempre de alguna manera u otra los humanos se sentían como el centro del universo, esto estaba demarcado por la intervención de figuras trascendentes. Por ejemplo, en el mito judeocristiano vemos que, en el Génesis, Dios creó el universo, cuya cosmogonía (si se analiza fenomenológicamente) más bien representa como punto de percepción el hombre—el cielo es una bóveda celeste, tiene un firmamento, que es una especie de barrera invisible que separa las aguas del cielo con las de la Tierra, y si miramos hacia el horizonte efectivamente parece que las nubes suben por una especie de domo, que el Sol, las estrellas y la Luna giran a *nuestro* alrededor. Pero a fin de cuentas la gloria y adoración es al Creador, no a los hombres.

No obstante, en la Ilustración todo esto cambió. Se desmitifica la naturaleza y comenzamos a percibir una naturaleza que no se preocupa en los humanos. Por consecuencia, comenzamos a montar una realidad en el centro del hombre, pero desmitificado, sabiendo que la naturaleza sigue sus propios ciclos y líneas de tiempo que abarcan mucho más de lo que los humanos podemos imaginar. Es una centralización en el hombre que deviene en la deificación de ideales como el humanismo, la libertad y la razón.

Pero, con la exponenciación de esos ideales llegan varios giros distintos en el tiempo moderno. Por un lado están quienes desvalorizan a los humanos completamente. Al aceptar que somos un animal entre los animales, materia entre materia, también se busca nuestra eliminación. Esto se ve mucho en ideales ambientalistas desbocados a una *adoración* de la madre naturaleza. La Tierra, como castigo, nos busca eliminar, y hay quienes ven esto como algo bueno—demasiado bueno. Es algo parecido a la ideología de Thanos en la película *Avengers: Infinity Wars*.

Aunque se ha hecho crítica del modernismo a lo largo del siglo XX bajo el concepto sombrilla de *postmodernismo* (que son una serie de análisis y crítica del modernismo, destacada mayormente por poner en cuestionamiento el humanismo, la razón y la libertad), e inclusive hay quienes niegan categóricamente que nunca hemos sido modernos (Latour 1995), pero en aspectos más generales seguimos montados en el modernismo: las verdades científicas no dejan de ser menos ciertas simplemente porque también se ha desmitificado la razón, el humanismo y la libertad.

2. *Antropocentrismo teológico*

We are gods with anuses.[1]
—Ernest Becker, *The Denial of Death*

A partir de ahora hemos de vérnoslas con una trascendencia creada por los mismos habitantes de la Tierra, trascendencia que se distingue con ventaja de las trascendencias tradicionales —metafísicas o religiosas simbólicamente codificadas— por el hecho de que permite una sólida comunicación recíproca con ella. La asimetría metafísica entre la trascendencia divina y la participación humana en ella sustituye ahora por la asimetría posicional entre estación espacial y estación de Tierra.
—Peter Sloterdijk, *¿Qué sucedió en el siglo XX?*

Sin embargo, hasta este punto en la historia hemos llegado más o menos ilesos. Pero ahora tenemos la última hibris hasta el momento: el *antropocentrismo teológico*. Esto denota la querencia de elevar la condición humana a la mayor adoración, de querer valorar exclusivamente nuestro universo inmanente en vez del trascendente. En el mundo físico es que buscamos la inmortalidad, el bienestar y nuestra quintaesencia humana. Sin las promesas del más allá, sin la retribución de nuestros actos terrenales y, sobre todo, la *muerte de Dios*, la respuesta de cómo vamos a seguir actuando en el universo inmanente se plaga cada vez más de un nihilismo negativo. Con los avances en la tecnología se comienza a tener esperanzas en la destrucción de la muerte, la mayor quimera de la naturaleza. Si no hay una Explicación Última de todas las cosas en el universo, ¿quiénes van a aceptar la muerte

---

[1] Mi traducción: «Somos dioses con anos».

como una imposición sobre la especie humana? Hay criaturas en el mundo que son técnicamente inmortales, como las langostas o algunas medusas, o que tienen una larga vida, como algunas tortugas o almejas. Bajo este tipo de premisas y muchas otras más se intenta elevar la condición humana a una de deidad.

Empero, esto también lleva a varias paradojas—si es que se sigue ciertas versiones del transhumanismo. Si nosotros tomamos el lugar que antes se les dedicaba a las deidades y creamos un ente consciente con *superinteligencia*, ¿estamos creando nuestra propia extinción? Es una de las mayores contradicciones. Se continúa el ciclo de la vida a través de otra permutación evolutiva: y esta puede o no puede ser igual que nosotros.

Es por eso que también se puede pensar en la ideología transhumanista como una imbricada de mitos, adjudicándonos a nosotros mismos lo que otrora eran cualidades de deidades trascendentes. El *antropocentrismo teológico*, por ende, sigue tanto condiciones antropocéntricas como teológicas dentro de su forma mítica de colonizar el universo inmanente.

Un *antropocentrismo teológico* implica la vuelta a unos modos de ver el mundo imbricados con la versión actual de ver el mundo. Esto debe distinguirse rápidamente de posiciones antihumanistas que existen contemporáneamente, en donde el foco central ya no es en Dios o en los hombres, sino en la imposibilidad de reproducir el teocentrismo o el antropocentrismo a partir de una intelectualidad honesta del mundo. Dicho de otra manera, el mundo o el universo no reproduce nuestras suposiciones antropocéntricas o teológicas.

Imaginemos, por ejemplo, la invasión de alienígenas extraterrestres. La mayoría de las personas imaginarían a unos hombrecillos, u homúnculos, bastante grises, con grandes ojos completamente oscuros. Sin embargo, estas son características antropocéntricas. Igualmente imaginaríamos que vienen a minar nuestro planeta para despojarnos de nuestros bienes. O tal vez, en un intento de eliminar nuestro sesgo antropocéntrico, trataríamos de imaginar que son como si fueran dioses, dado a nuestra limitación de entender la magnificencia de sus tecnologías, que nos parecerían magia. Pero no nos libramos de lo más obvio: que nuestra manera de imaginarlo son antropocéntricas y teológicas dado a que la única muestra de vida que tenemos en el universo es la de nuestro planeta, y la única muestra de inteligencia (o superinteligencia) proviene de nosotros mismos. ¿Cómo, en última instancia, van a tener de parecido a nosotros los alienígenas extraterrestres, si nosotros, evolutivamente, provenimos de un accidente evolutivo? Primero tuvo que ocurrir la evolución de especies acuáticas a terrestres; la explosión cámbrica; la megafauna y megaflora, que incluye la existencia de dinosaurios; la extinción de dinosaurios y el dominio de especies pequeñas como los mamíferos; que de estos mamíferos surgieran los primates, y que de los primates surgieran los homínidos; y, por último, que de estos homínidos, en la carrera por la supervivencia, nos extinguiéramos los unos a los otros, hasta quedar nosotros, los *Homo sapiens*

sapiens. Todas estas suposiciones deberían estar junto a nuestra imaginación de lo que debe ser lo desconocido, puesto que lo desconocido jamás será como lo ya conocido.

Sobre esta contención es que se monta el *antropocentrismo teológico.* El transhumanismo intenta, bajo nuevos medios, reimaginar lo que ya suponíamos como algo antropocéntrico o teológico. Sobre esta nueva imaginación el universo se monta sobre alguna teoría de la simulación o hipótesis de la simulación.[2]

En el *antropocentrismo teológico* el cambio es autogenerado. La selección artificial se convierte en selección artificial en nosotros mismos, lo que bajo la visión de Peter Sloterdijk sería una antropotécnica; bajo la visión de Jason Silva, Zoltan Istvan y otros intelectuales afines sería una forma de *libertad morfológica.*

Conclusiones

Hasta aquí hemos visto las causas que han dado paso a las visiones filosóficas del teocen-

---

[2] La hipótesis de la simulación, ideada por Nick Bostrom, la hemos visto anteriormente. Es el trilema en cuanto a la creencia en partes iguales de que no estamos en una simulación, las civilizaciones posthumanas son capaces de crear una simulación y que ninguna civilización llega a la posthumanidad. La teoría de la simulación, a grandes rasgos, es la creencia de que nuestro universo es una simulación de alguna civilización superior a la nuestra. Figuras emprendedoras o inventoras de nuestro siglo, como Elon Musk, creen que esta teoría es posible. Este tipo de teorías es la que ha tomado el lugar del deísmo que existía de antaño en los círculos intelectuales.

trismo, antropocentrismo y antropocentrismo teológico. Vemos, en primera instancia, una direccionalidad divina del ser; en segunda instancia, una direccionalidad inmanente; y, por último, una direccionalidad que trata de imbricar las dos, pero en modo inmanente. Está búsqueda de verticalidad, de buscar un punto en el cual se pueda observar desde lo alto y ser capaz de tener un completo control de la naturaleza es lo que lleva al ser humano a buscar este nuevo punto de ventaja. En otras ramas del saber se han visto cambios parecidos, como la religiosidad estudiada en su forma premoderna, moderna y postmoderna utilizando un marco teórico de Durkheim (Lindsay y Nayna 2018) para lograr entender los nuevos giros del pensamiento humano. Aquí se ha aplicado una especie de argumento o pensamiento dialéctico para explicar los cambios paradigmáticos que he mencionado anteriormente. No pretende ser una categorización final, pues el estudio del transhumanismo y el debate sobre el *mejoramiento humano* requiere también aceptar el constante cambio como una de las contingencias a la hora de categorizar ideas.

¿QUÉ ES UNA CONSCIENCIA?

Introducción

Hasta ahora hemos visto temáticas sociológicas y artísticas que tocan tangencialmente uno de los problemas centrales en las diferentes ideologías o posturas que se disputan el debate bioético y tecnológico respecto al *mejoramiento humano*. Este es el de la consciencia. ¿Qué es una consciencia y cómo emerge?

Al comienzo del ensayo *Uploading* (More y Vita-More, 2013), Ralph C. Merkle nos describe lo siguiente:

> Your brain is a material object. The behavior of material objects is described by the laws of physics. The laws of physics can be modeled on a computer. Therefore, the behavior of your brain can be modeled on a computer. Q.E.D. (More y Vita-More 2013: Kindle Locations 5292-5294).[1]

Vemos aquí una definición buena y breve de lo que es una consciencia. No obstante, esta definición deja muchas grietas por llenar, al igual de que no es la única definición que compite en

---

[1] Mi traducción: «Tu cerebro es un objeto material. El comportamiento de los objetos materiales está descrito por las leyes de la física. Las leyes de la física pueden ser modeladas en una computadora. Por lo tanto, el comportamiento de su cerebro puede ser modelado en una computadora. Q.E.D.»

el mercado de las ideas.

La novela *Solaris* (Lem 2002) es perfecta para ejemplificar el problema de la consciencia, la percepción de la realidad y el intento de entender una superinteligencia. Parte de este problema se ve preliminarmente en el *Discurso del método* de Descartes (2006), en el cual se pregunta si un demonio es capaz de distorsionar y hacer dudar de la realidad, a lo cual Descartes contesta el afamado *cogito ergo sum*, respuesta que hasta hoy satisface parte del problema porque no se puede dudar de la propia existencia. Pero esto todavía no explica cómo emerge la consciencia, o qué es. En este ensayo veremos diversas hipótesis o teorías filosóficas que intentan dar matices a lo que es una consciencia y sus cualidades perceptuales, además de las consecuencias filosóficas de asumir el materialismo para describir el fenómeno de la conciencia—y, consecuentemente, entender las implicaciones de una visión dicotómica de lo que es una consciencia.

1. *El cuarto de Mary: El argumento del conocimiento*

Antes de comenzar enteramente con los argumentos sobre la consciencia y su naturaleza algorítmica o no-algorítmica, este es uno de los argumentos más importantes en contra del materialismo que existe actualmente en la filosofía. Me parece que tiene varias fallas, pero esencialmente es un experimento imaginativo en el cual se imagina que una mujer, Mary, vive en un cuarto donde todo es en blanco y negro. Posee un doctorado en neuropsicología y conoce todo lo que ha de saberse sobre espectros de luz y la manera en la que el cerebro lo percibe. Pero ella nunca ha visto colores, ya que ella ha vivido toda su vida en ese cuarto. Sin embargo, al salir del cuarto por primera vez y ver el mundo, percibe los colores; percibe, por primera vez, esa *qualia*.[1] Sin embargo, ¿aprendió algo nuevo?[2] Quienes están en contra

---

[1] Según *Stanford Encyclopedia of Philosophy* (Tye 2018), «Feelings and experiences vary widely. For example, I run my fingers over sandpaper, smell a skunk, feel a sharp pain in my finger, seem to see bright purple, become extremely angry. In each of these cases, I am the subject of a mental state with a very distinctive subjective character. There is something it is *like* for me to undergo each state, some phenomenology that it has. Philosophers often use the term 'qualia' (singular 'quale') to refer to the introspectively accessible, phenomenal aspects of our mental lives». Mi traducción: «Los sentimientos y las experiencias varían ampliamente. Por ejemplo, paso los dedos sobre papel de lija, huelo un zorrillo, siento un dolor agudo en el dedo, parece que se ve púrpura brillante, me enojo mucho. En cada uno de estos casos, soy sujeto de un estado mental con un carácter subjetivo muy distintivo. Hay algo en *cómo* es para mí someterme a cada estado, algo de la fenomenología que tiene. Los filósofos a menudo usan el término "qualia" (singular "quale") para referirse a los aspectos fenoménicos de nuestra vida mental, introspectivamente accesibles».

[2] Otro ejemplo parecido se ve en uno de los ensayos de Peter Sloterdijk (2018) cuando él habla de la nueva posición filosófica de los seres humanos luego de la exploración espacial y la comunicación sintética entre la estación espacial y la Tierra: «Lo que saben, ven y sienten los astronautas puedo yo también saberlo, verlo y sentirlo» (Sloterdijk 2018:118). Pero, nos preguntamos una vez más, ¿aprendemos lo mismo que los astronautas o los

del materialismo afirman que sí, pues ella sabía todo lo que ha de saberse sobre el mundo físico, pero recibió una *qualia* nueva, la de percibir colores, y esa *qualia* no es física.

Este argumento ha tenido algunas refutaciones bastante convincentes. La mayoría se centra en la imposibilidad de que suceda ese fenómeno. Otros refutan afirmando que en realidad Mary aprendió algo nuevo, y por lo tanto la *qualia* es un nuevo dato sobre el mundo físico.

Este argumento, aunque aparentemente inconexo con las preguntas sobre lo que es una consciencia, resulta ser fundamental porque, antes que todo, primero ha de tenerse una idea de cómo es que se percibe el mundo sensible y la capacidad que se tiene de acumular nuevo conocimiento, y, sobre todo, saber *qué* es conocimiento.

La epistemología es una rama de la filosofía dedicada a este tipo de temáticas—esto es, a conocer sobre el conocer—, en la cual existen muchas posturas distintas, ya sean objetivistas, construccionistas o subjetivistas, y por ende son importantes porque toda ciencia, implícitamente, toma como hecho algunas de las posturas antes mencionadas. Es mi postura actualmente, y desde hace varios años, que todo lo perceptible por una consciencia debe ser irremediablemente material, dado que la metafísica debe ser todo aquello que es imperceptible. Ergo, la consciencia debe ser un fenómeno material. Esta postura tiene algo de parecido con el positivismo o pospositivismo.

---

astronautas aprenden algo más que nosotros?

En los siguientes subtemas se tratan las diferentes posturas que se asumen sobre la consciencia como fenómeno algorítmico y no-algorítmico.

2. *El cuarto chino: Un argumento en contra de una sistematización algorítmica de la consciencia*

El cuarto chino, que ya hemos mencionado anteriormente en esta obra, es un experimento imaginativo y filosófico en el que se pondera sobre la posibilidad de la consciencia en un sistema computacional. La situación es la siguiente: un individuo está encerrado en un cuarto. A través de una rendija recibe unos caracteres escritos en chino. Siguiendo un manual de instrucciones, ensambla en secuencia unos caracteres chinos y los pasa a través de la rendija. El proceso sigue sucesivamente. Esto es: que el individuo recibe unos caracteres escritos, sigue las instrucciones del manual en cómo contestar esos símbolos, y envía de respuesta otros símbolos. Pero el individuo no sabe chino. Tampoco el contenido de lo que está escrito, ni lo que contesta. Pero alguien fuera del cuarto supone que está teniendo una interacción inteligente con un ser humano, pero la persona que está dentro del cuarto no sabe nada de lo que se está comunicando. Solamente sigue al pie de la letra lo que está expuesto en el manual de instrucciones, una serie de pasos a seguir para resolver un problema—en otras palabras, está cumpliendo con un algoritmo. Ergo, no está teniendo una interacción en chino que sea consciente. Este argumento es curioso por varias razones: (1) vemos que efectivamente hay un proceso algorítmico y (2) que este proceso no determina que un ente sea consciente.

3. La teoría Orch OR: Otro argumento en contra de la sistematización algorítmica de la consciencia basado en la mecánica cuántica

Este argumento por parte de Stuart Hameroff y Roger Penrose (Hameroff y Penrose 2014), la teoría Orch OR,[3] es bastante curioso por dos ra-

---

[3] *Reducción objetiva orquestada* por sus siglas en inglés (*orchestrated objective reduction*). Esto se refiere a un estado peculiar de la mecánica cuántica (Hameroff y Penrose 2014:39): «We proposed in the mid 1990's that consciousness depends on biologically 'orchestrated' coherent quantum processes in collections of microtubules within brain neurons, that these quantum processes correlate with, and regulate, neuronal synaptic and membrane activity, and that the continuous Schrödinger evolution of each such process terminates in accordance with the specific Diósi–Penrose (DP) scheme of 'objective reduction' ('OR') of the quantum state. This orchestrated OR activity ('Orch OR') is taken to result in moments of conscious awareness and/or choice». Mi traducción: «A mediados de la década de 1990, propusimos que la conciencia depende de procesos cuánticos coherentes "orquestados" biológicamente en colecciones de microtúbulos dentro de neuronas cerebrales, que estos procesos cuánticos se correlacionan con, y regulan, la actividad sináptica y de membrana neuronal, y que la evolución continua de Schrödinger de cada uno el proceso finaliza de acuerdo con el esquema específico Diósi-Penrose (DP) de "reducción objetiva" ("OR") del estado cuántico. Esta actividad OR orquestada ("Orch OR") se toma para dar como resultado momentos de conciencia y/o elección».

zones: (1) se basa en un modelo materialista de la consciencia, no en valores o elementos trascendentes y (2) niega categóricamente la posibilidad de replicar una mente en una supercomputadora debido a la estructura del cerebro. Esta esta estructura mental que es capaz de producir la consciencia es debido a la mecánica cuántica y algún mecanismo que todavía no conocemos. Parte de la estructura mental microscópica que es capaz de producir la consciencia es los llamados *microtúbulos*, que son una estructura de algunos 10 nanómetros, lo suficientemente pequeñas como para ser influenciadas por la mecánica cuántica. Críticos de este acercamiento novel al problema de la consciencia afirman que esta hipótesis no se ha podido probar, y también que esas afirmaciones sobre la característica no-algorítmica de la consciencia lo único que hace es apelar al sentir mayoritario de que la especie humana es una excepción en el cosmos, pero con argumentos de la física cuántica que resultan ser magufos para un sector de la ciencia bastante ilustrado—asunto que el mismo Roger Penrose critica de seguidores de la pseudociencia que utilizan la mecánica cuántica para afirmar fenómenos todavía no probados por ninguna ciencia, como la existencia del alma, vida después de la muerte y la existencia de criaturas divinas. Vemos que el argumento Orch OR es un argumento inverso al expuesto en el subtema anterior (el argumento del cuarto chino), pues (1) el proceso que se está llevando a cabo no es algorítmico y (2) que este proceso genera una consciencia. Mientras el argumento del cuarto chino es una prueba filosófica de que un proceso algorítmico no necesariamente prueba la existencia de la consciencia, el argumento Orch OR prueba la existencia de la consciencia sin necesidad de un proceso algorítmico.

4. La consciencia es trascendente y es indistinguible del alma: explicación arcaica de lo que es una consciencia

Aquí nos topamos con la explicación más común y creída por la mayoría de las personas: que la consciencia, en última instancia, es trascendente, y que físicamente se manifiesta en nuestro cerebro. Aunque esto sería ya una deducción basada en las tradiciones monoteístas más comunes (judaísmo, cristianismo e islamismo) además de tradiciones politeístas o no-teístas más comunes (hinduísmo, budismo, taoísmo, entre muchas otras), es bueno recordar las argumentaciones cartesianas y kantianas: que el cuerpo y el alma son dos sustancias distintas. Una que describe el universo inmanente (lo que para Kant sería el fenómeno) y otra que pertenece a un universo trascendente (que para Kant sería un noúmeno, aquello que no se puede percibir). En argumentaciones más antiguas, como la de Tomás de Aquino, esto sería suficiente para probar la importancia de tener conocimientos tanto físicos como trascendentes—o puesto en su explicación teológica: la salvación es por fe y por buenas obras, una postura muy católica y ortodoxa, en contraste con salvación exclusivamente por la fe, que una postura muy protestante.

Esta postura se destaca por la suposición de

un argumento a favor de la consciencia que es casi exclusivamente trascendente. Por ende, y muy parecido a la postura cartesiana, la mente tiene un poderoso control sobre el cuerpo, capaz de controlarlo a su voluntad y deshacerse de las pasiones o lo inmanente de pertenecer a este mundo.

Una de las pocas posturas de aquellos tiempos que contradice esto es la mantenida por Baruch de Espinosa (1980), en la cual todo existe bajo una misma sustancia y lo que cambia son los modos de ser de esa sustancia. En ese tipo de argumentación, la mente y el cuerpo están igualados, y el mero control mental no deshace los afectos, pues, según esta filosofía del bajo medioevo, el ambiente es capaz de influenciar grandemente los estados mentales.

Pero volviendo al tema de aquí, bajo esta postura, al igual que las posturas materialistas que niegan lo algorítmico de la consciencia, tampoco creen que la consciencia es un fenómeno fácilmente replicable, pero llamando la atención en lo trascendente del asunto.

5. Otra vieja teoría sobre la consciencia, pero que ya no se acepta: La teoría de la mente doble

Existe una teoría que ha sido refutada con la ciencia contemporánea, pero que antes tuvo un poco de vigencia en la explicación del surgimiento de la consciencia. La antigua teoría psicológica postulaba que la consciencia surge a partir de la dominación de uno de los hemisferios del cerebro sobre el otro, y que su dominio procedía a partir de unas voces que el individuo escuchaba, y que estas voces eran la voz de la consciencia. Esto también fue el generador de los mitos que existen a través de las diferentes civilizaciones, puesto que los individuos creían que estas voces eran las voces de los dioses.

Esta teoría, aunque ya refutada, sigue siendo utilizada en la ciencia ficción, como en la serie *Westworld*. En esta serie (que ya hemos discutido en la segunda parte), la teoría de la mente doble era utilizada para la creación de los *hosts*, que son androides inteligentes.

6. La consciencia como proceso algorítmico: varios argumentos

Entramos ahora en la consideración de la consciencia como proceso algorítmico. El argumento más común hasta ahora (y que se ha visto bastante en esta obra) es el expuesto por Ray Kurzweil, que prueba la posibilidad de un proceso material y algorítmico que genera la existencia de la consciencia y, por ende, es replicable en cualquier otro sistema computacional. Se toma una premisa jerárquica de los procesos mentales, siendo aquellos con mayor nivel de abstracción los más difíciles de replicar, pero que tienen menos incidencia en los procesos corporales, de la misma manera que el mayor nivel de codificación y programación en la computación tienen mayor nivel de abstracción simbólica, pero que cuyos procesos no inciden fundamentalmente en el funcionamiento más cercano a los componentes fundamentales de una computadora.

Para estos efectos se puede tomar como ejemplo la simulación de gusano que se hizo a partir de un arquetipo de sistema nervioso. Aunque no prueba la existencia de una consciencia, si prueba la posibilidad de una replicación algorítmica en algún sistema computacional.

Conclusión

Al no saber con certeza qué es la consciencia, seguiremos en este pulseo de ideas, argumentando y refutando *per secula seculorum*. Si algo queda claro en este debate, es la posibilidad de crear una, aunque fuere una simulación. Si la tecnología lo permite, esto pondría fin a los debates que existen al respecto, dado que, en el fondo, todas las posturas existentes hasta ahora son suposiciones filosóficas sin ninguna forma operativa o material de poder explicar, con certeza absoluta, lo que *es* una consciencia y sus pasos materiales: nuestro conocimiento llega simplemente a la conclusión de que es algún sistema cerebral, pero no tenemos pruebas contundentes para decir *este individuo es consciente y he aquí la prueba irrefutable*. Si algo esperamos, es que no sea un debate tan estancado como la existencia del alma en una persona clonada.[4]

---

[4] Quienes vivieron el cristianismo durante el surgimiento de los debates sobre la clonación recordarán a distintos líderes debatiendo sobre la clonación y especulando si un clon podía tener alma. Parece que este debate murió hace veinte años de la misma manera que murió, en 2010, la ideología de la existencia del *limbo* en el catolicismo contemporáneo al ponerla al mismo nivel de posibilidad de la misericordia divina con posible pasaje al Cielo.

La creación de una IGA podría poner fin a todas nuestras interrogantes, pero esto, a su vez, sería potenciador de una nueva ola de derechos posthumanos, dado a que se debería tomar en cuenta la consecuencia de la legalidad de entes inteligentes y crear una categoría de *personhood*.

BIBLIOGRAFÍA

Allen, Edgard Leonard. 1957. *From Plato to Nietzsche.* Greenwich, Conneticut: Fawcett Premier Book.

Anónimo. 2012. *La epopeya de Gilgamesh.* editado por R. Berea Nuñez. Ciudad de México: La Guillotina.

Anton Wilson, Robert. 1983. *Prometheus Rising.* Tempe, Arizona: New Falcon.

Aristóteles. 1934. *Política.* Madrid, España: Ediciones Nuestra Raza.

Asimov, Isaac. 1986. *Foundation and Earth.* Londres, Reino Unido: Grafton Books.

Asimov, Isaac. 2008. *Forward the Foundation.* Paw Prints.

Asimov, Isaac. 2016a. *Foundation's Edge.* Harper Collins Publishers.

Asimov, Isaac. 2016b. *Prelude to Foundation.* Londres, Reino Unido: Harper Voyager.

Asimov, Isaac. 2018a. *Foundation.* Londres, Reino Unido: Harper Voyager.

Asimov, Isaac. 2018b. *Foundation and Empire.* Londres, Reino Unido: Harper Voyager.

Asimov, Isaac. 2018c. *Second Foundation.* Londres, Reino Unido: Harper Voyager.

Asimov, Isaac. 2001. *The Complete Stories.* Vol. 1. Nueva York, Nueva York: Broadway Books.

Bartlett, Jaime. 2014. *The Dark Net: Inside the Digital Underworld.* Londres, Reino Unido: Willliam Heinemann.

Baudrillard, Jean. 1994. *Simulacra and Simulation.* Michigan: University of Michigan Press.

Becker, Ernest. 1973. *The Denial of Death.* Nueva York, Nueva York: Free Press.

Besson, Luc. 2014. *Lucy.* EuropaCorp.

Bioethics Research Library. 2019. «Archived Websites at the Bioethics Research Library | Bioethics Research Library». Recuperado el 20 de enero de 2019 (https://bioethics.georgetown.edu/library-materials/archived-bioethics-websites/).

Blázquez, José María, Jorge Martínez-Pinna, y Santiago Montero. 2011. *Historia de las religiones antiguas: Oriente, Grecia y Roma*. Tercera. Madrid, España: Cátedra.

Blomkamp, Neill. 2015. *Chappie*. Columbia Pictures Corporation.

Bostrom, Nick. 2003a. «Are You Living in a Computer Simulation?» *Philosophical Quaterly* 53(2011):243–255. Recuperado el 10 de enero de 2019 (http://www.simulation-argument.com/simulation.html).

Bostrom, Nick. 2002. «Existential Risks: Analyzing human extinction scenarios and related hazards». *Journal of Evolution and Technology* 9(1). Recuperado el 10 de enero de 2019 (https://nickbostrom.com/existential/risks.html).

Bostrom, Nick. 2014. *Superintelligence: Paths, Dangers, Strategies*. Oxford: Oxford University Press.

Bostrom, Nick. 2003b. «Transhumanist Values». Recuperado el 10 de enero de 2019 (https://nickbostrom.com/ethics/values.html).

Braidotti, Rossi. 2013. *The Posthuman*. Primera edición. Cambridge, Reino Unido: Polity.

Braudel, Fernand. 1970. *La Historia y las Ciencias Sociales*. Segunda edición. Madrid: Alianza Editorial.

Bush, George W. 2001. «Creation of the President's Council on Bioethics». *Federal Register*. Recuperado el 11 de marzo de 2019 (https://www.federalregister.gov/documents/2001/11/30/01-29948/creation-of-the-presidents-council-on-bioethics).

Bustamante Zamudio, Guillermo. 2008. «Los tres principios de la lógica aristotélica: ¿son del mundo o del hablar?» *Folios* 2(27):24–30.

Campbell, Joseph. 2008. *The Hero with a Thousand Faces*. Novato, California: New World Library.

Campbell, Joseph, ed. 1976. *The Portable Jung*. Penguin Books.

Chan, Casey. s/f. "The Difference Between a Geek and a Nerd in One Graph". *Gizmodo*. Recuperado el 14 de enero de 2019 (https://gizmodo.com/the-difference-between-a-geek-and-a-nerd-in-one-graph-03765348).

Channel 4. 2014. *Viktoria Modesta - Protoype.* YouTube. Recuperado el 11 de marzo de 2019 (https://www.youtube.com/watch?v=jA8inmHhx8c)
.

Church, Nate. 2016. «Transhumanists Presidential Candidate Zoltan Istvan: Tech Giants will Make "Billions and Billions" of Machines Replacing Humans». *Breitbart.* Recuperado el 11 de marzo de 2019 (http://www.breitbart.com/tech/2016/04/08/transh umanist-presidential-candidate-zoltan-istvan-tech-giants-will-make-billions-and-billions-off-machines-replacing-humans/).

Clark, Andy. 2003. *Natural-Born Cyborgs: Minds, Technologies, and the Future of Human Intelligence.* Oxford, Reino Unido: Oxford University Press.

Cole, David. 2019. «The Chinese Room Argument». en *The Stanford Encyclopedia of Philosophy*, editado por E. N. Zalta. Metaphysics Research Lab, Stanford University.

Comte, Auguste. 1908. *A General View of Positivism.* Londres, Reino Unido: George Routledge & Sons Limited.

Contact Info. 2015. *Amazing Robot Becomes Self-Aware (Explained).* YouTube. Recuperado el 11 de marzo de 2019 (https://www.youtube.com/watch?v=jx6kg0ZfhAI).

Crespo Rodríguez, Manuel A. 2017a. «Blade Runner: 2049; Continuación de ambigüedades humanas en una franquicia tech-noir magistral». *Manuel Alejandro Crespo Rodríguez.* Recuperado el 13 de marzo de 2019 (https://manuelalejandrocresporodriguez.wordpress. com/2017/11/06/blade-runner-2049-continuacion-de-ambiguedades-humanas-en-una-franquicia-tech-noir-magistral/).

Crespo Rodríguez, Manuel A. 2017b. «Sobre Blade Runner: 2049; Nuevas cavilaciones posthumanistas con el advenimiento de la IA». *Manuel Alejandro Crespo Rodríguez.* Recuperado el 13 de marzo de 2019 (https://manuelalejandrocresporodriguez.wordpress. com/2017/11/19/sobre-blade-runner-2049-nuevas-cavilaciones-posthumanistas-con-el-advenimiento-dela-ia/).

Crespo Rodríguez, Manuel A. 2017c. «Sobre arquetipos de superinteligencia: Dios, alienígenas y artilectos». *Antropología en Puerto Rico.* Recuperado el 13 de marzo de 2019 (https://antropologienapuertorico.blogspot.com/201 7/07/sobrearquetipos-de-superinteligencia.html).

Crespo Rodríguez, Manuel A. 2017d. «Sobre memes: el nuevo landscape político». *Antropología en Puerto Rico.* Recuperado el 13 de marzo de 2019 (https://antropologienapuertorico.blogspot.com/201 7/07/sobre-memes-el-nuevo-landscape-politico.html).

Crespo Rodríguez, Manuel A. 2018a. «Postmodernismo, la crítica del modernismo; O una versión real de Tlön, Uqbar, Orbis Tertius». *Manuel Alejandro Crespo Rodríguez.* Recuperado el 30 de diciembre de 2018 (https://manuelalejandrocresporodriguez.wordpress. com/2018/11/07/postmodernismo-la-critica-del-modernismo-o-una-version-real-de-tlon-uqbar-orbis-tertuis/).

Crespo Rodríguez, Manuel A. 2018b. «Zoltan Istvan y el Partido Transhumanista: Política y transhumanismo en el siglo XXI». Universidad de Puerto Rico en Río Piedras. Recuperado el 13 de marzo de 2019 (https://osf.io/preprints/socarxiv/r6qsz/).

Crotty, Michael J. 1998. *The Foundation of Social Research: Meaning and Perspective in the Research Process.* California: SAGE Publications Ltd.

Currier, Cora. 2013. «Everything we Know so Far About Drone Strikes». Recuperado el 11 de marzo de 2019 (https://www.propublica.org/article/everything-we-know-so-far-about-drone-strikes).

Dennett, Daniel C. 1991. *Consciousness Explained.* Nueva York, Nueva York: Penguin Books.

Descartes, René. 2008. *Discurso del método.* Sexta edición. Madrid, España: Editorial Tecnos.

Durkheim, Émile. 1964. *The Elementary Forms of the Religious Life.* Londres, Reino Unido: George Allen & Unwin LTD.

Durkheim, Emile. 1982. *The Rules of Sociological Method.*

editado por S. Lukes. Nueva York, Nueva York: The Free Press.

Dick, Philip K. 2008. *Do Androids Dream of Electric Sheep?: The Inspiration for the Films Blade Runner and Blade Runner 2049.* Ballantine Books.

Eliade, Mircea. 1978. *A History of Religious Ideas, Volume 1: From the Stone Age to the Eleusian Mysteries.* Chicago, Illinois: University of Chicago Press.

Eliade, Mircea. 1982. *A History of Religious Ideas, Volume 2: From Gautama Buddha to the Triumph of Christianity.* Chicago, Illinois: University of Chicago Press.

Eliade, Mircea. 1988. *A History of Religious Ideas, Volume 3: From Muhammad to the Age of Reforms.* Chicago, Illinois: University of Chicago Press.

Espinosa, Baruch de. 1980. *Ética demostrada según el orden geométrico.* Madrid, España: Ediciones Orbis.

Ettinger, Robert C. W. 1964. *The Prospects of Immortality.* Garden City, Nueva York: Doubleday.

Facts About Japan. s/f. «Origin of Otaku Culture | Culture | Articles». *Facts About Japan.* Recuperado el 14 de enero de 2019 (http://www.facts-about-japan.com/otaku.html).

Ferrando, Francisca. 2013. «Posthumanism, Transhumanism, Antihumanism, Metahumanism, and New Materialism: Differences and Relations». *Existenz* 8(2):22–32.

Frazer, James George. 2017. *The Golden Bough.* editado por Global Grey. Global Grey. Recuperado el 12 de marzo de 2019 (https://www.globalgreyebooks.com/golden-bough-ebook.html).

Fukuyama, Francis. 2003. *Our Posthuman Future: Consequences of the Biotechnology Revolution.* Reprint Edition. Nueva York, Nueva York: Picador.

Fukuyama, Francis. 1992. *The End of History and the Last Man.* Nueva York, Nueva York: The Free Press.

Fukuyama, Francis. 2004. «Transhumanism». *Foreign Policy* 42–43.

Galactic Public Archives. 2013. *FM-2030: Are You Transhuman?* YouTube. Recuperado el 6 de abril de 2019

(https://www.youtube.com/watch?v=eaS9QBdVH
Ms).

Garis, Hugo de. 2005. *The Artilect War: Cosmists vs. Terrans:
A Bitter Controversy Concerning whether Humanity should
Build Godlike Massively Intelligent Machines*. Palm Springs,
California: ETC Publications.

Garland, Alex. 2014. *Ex Machina*. Universal Pictures
International.

Hameroff, Stuart y Roger Penrose. 2014. «Consciousness
in the universe: A review of the 'Orch OR' theory».
Physics of Life Reviews 11(1):39–78.

Hamilton, Alex. 2015. «Transhumanism: Morphological
Freedom is Individual Liberty». *Medium*. Recuperado el
11 de marzo de 2019 (https://medium.com/wire-
head/transhumanism-morphological-freedom-is-
individual-liberty-b51ea31de129).

Hansell, Gregory R. y William Grassie, eds. 2011. *H+/-:
Transhumanism and its Critics*. Philadelphia, PA:
Metanexus Institute.

Harari, Yuval Noah. 2017. *Homo Deus: A Brief History of
Tomorrow*. Toronto: Harper Collins Publishers.

Harari, Yuval Noah. 2015. *Sapiens: A Brief History of
Humankind*. Reprint edition. Harper.

Harari, Yuval Noah. 2018. *Sapiens: Una breve historia de la
humanidad*. Estados Unidos: Debate.

Hardwar, Devindra. 2016. «What the Transhumanist
Candidate Learned from the Election». Recuperado
(https://www.engadget.com/2016/11/01/zoltan-
istvan-transhumanist-party/).

Haraway, Donna J. 1991. *Simians, Cyborgs and Women: The
Reinvention of Nature*. Nueva York, Nueva York:
Routledge.

Hayles, N. Katherine. 1999. *How we Became Posthuman:
Virtual Bodies in Cybernetics, Literature, and Informatics*.
First Edit. Chicago, Illinois: University of Chicago
Press.

Hern, Alex. 2016. «Elon Musk: "Chances are We're Living
in a Simulation"». *The Guardian*. Recuperado el 11 de
marzo de 2019
(https://www.theguardian.com/technology/2016/ju
n/02/elon-musk-tesla-space-x-paypal-hyperloop-

simulation).

Hernández Arias, José Rafael. 2015. *Nietzsche: La crítica más radical a los valores y a la moral de la cultura occidental*. Spain: RBA Contenidos Editoriales y Audiovisuales, S.A.U.

Holman Bible Publishers. 2014. *RVR 1960 Biblia Compacta Letra Grande con Referencias*. Nashville, Tennesse: Holman Bible Publishers.

Homero. 1981. *La Ilíada*. Editado por V. L. Soto. Barcelona, España: Editorial Ramón Sopena.

Homero. 1993. *La Odisea*. Editado por M. Fernández-Galiano. Madrid, España: Editorial Gredos.

Homero. 1927. *Obras completas de Homero: Versión directa y literal del griego*. Traducción por Luis Segála y Estalella. Barcelona, España: Montaner y Simón, Editores.

Hughes, James. 2004. *Citizen Cyborg: Why Democratic Societies must Respond to the Redesigned Human of the Future*. Cambridge: Westview Press.

Hughes, James. 2002. «Democratic Transhumanism 2.0». Recuperado el 11 de marzo de 2019 (http://changesurfer.com/Acad/DemocraticTranshu manism.htm).

Istvan, Zoltan. s. f. «Reporter's Notebook: Surfing the Volcano». *National Geographic*. Recuperado el 1 de enero de 2019 (http://news.nationalgeographic.com/news/2002/11 /1105_021105_TVVolcanoboarding.html).

Istvan, Zoltan. 2013. *The Transhumanist Wager*. Reno, Nevada: Futurity Imagine Media LLC.

Istvan, Zoltan. 2015. «Zoltan Istvan: Immortality Bus delivers Transhumanist Bill of Rights to US Capitol». *IBT*. Recuperado el 11 de marzo de 2019 (http://www.ibtimes.co.uk/zoltanistvanimmortalityb usdeliverstranshumanistbillrightsuscapitol1534388).

Jackson, Frank. 1986. «What Mary Didn't Know». *The Journal of Philosophy* 83:291–95.

Jason Silva: Shots of Awe. 2015. *Cooking Made us Human*. YouTube. Recuperado el 11 de marzo de 2019 (https://www.youtube.com/watch?v=Pun6tbz8Rzw)

Jason Silva: Shots of Awe. 2013a. *Existential Bummer*. YouTube. Recuperado el 11 de marzo de 2019 (https://www.youtube.com/watch?v=Yb-

OYmHVchQ).

Jason Silva: Shots of Awe. 2014. *To be Human is to be Transhuman.* YouTube. Recuperado el 11 de marzo de 2019 (https://www.youtube.com/watch?v=FN57u7-x75w).

Jason Silva: Shots of Awe. 2013b. *We are the Gods Now - Jason Silva at Sydney Opera House.* Recuperado el 4 de abril de 2019. (https://www.youtube.com/watch?v=cF2VrefjIjk).

Jason Silva: Shots of Awe. 2014. *What is Ontological Design?* YouTube. Recuperado el 11 de marzo de 2019 (https://www.youtube.com/watch?v=aigR2UU4R20).

Jonze, Spike. 2013. *Her.* Annapurna Pictures.

Kaczynski, Theodore. J. 2009. *Industrial Society and its Future.* Livermore, California: WingSpan Press.

Kurzweil, Ray. 2010. *How My Predictions Are Faring.* Recuperado el 13 de marzo de 2019 (http://www.kurzweilai.net/how-my-predictions-are-faring-an-update-by-ray-kurzweil.).

Kurzweil, Ray. 1992. *The Age of Intelligent Machines.* Cambridge: The MIT Press.

Kurzweil, Ray. 1999. *The Age of Spiritual Machines: How we Will Live, Work, and Think in the New Age of Intelligent Machines.* London: Orion Business.

Kurzweil, Ray. 2001. «The Law of Accelerating Returns». Recuperado (http://www.kurzweilai.net/the-law-of-accelerating-returns).

Kurzweil, Ray. 2009. *Transcendent Man.*

Kurzweil, Ray. 2006. *The Singularity Is Near: When Humans Transcend Biology.* New York: Penguin Books.

Latour, Bruno y Catherine Porter. 1993. *We Have Never Been Modern.* Cambridge, Massachusetts: Harvard University Press.

Leeming, David. 2005. *The Oxford Companion to World Mythology.* Oxford: Oxford University Press.

Lem, Stanislaw. 2002. *Solaris.* San Diego: Mariner.

Lewis, Richard J., Frederick E. O. Toye, Vincenzo Natali, Stephen Williams, Jonathan Nolan, Jonny Campbell, Michelle MacLaren, Neil Marshall, Uta Briesewitz, Lisa Joy, Nicole Kassell, Tarik Saleh, y Craig Zobel.

Sci-Fi. *Westworld*. Bad Robot.

Lilley, Stephen. s. f. *Transhumanism and Society: The Social Debate over Human Enhancement*. London: Springer.

Lindsay, James A. y Mike Nayna. 2018. «Postmodern Religion and the Faith of Social Justice». *Areo*. Recuperado el 13 de marzo de 2019 (https://areomagazine.com/2018/12/18/postmoder n-religion-and-the-faith-of-social-justice/).

Livingstone, David. 2015. *Transhumanism: The History of a Dangerous Idea*. CreateSpace Independent Publishing Platform.

Lloyd, Seth. 2006. *Programming the Universe: A Quantum Computer Scientst Takes on the Cosmos*. Nueva York: Knopf.

Lugo, Luis, Alan Cooperman, Cary Funk, Erin O'Connell, y Sandra Stencel. 2013a. «How Long do you Want to Live?» *Pew Research Center*. Recuperado el 11 de marzo de 2019 (http://www.pewforum.org/2013/08/06/life-length/).

Lugo, Luis, Alan Cooperman, Cary Funk, Erin O'Connell, y Sandra Stencel. 2013b. «Living to 120 and Beyond: Americans' Views on Aging, Medical Advances and Radical Life Extension». *Pew Research Center*. Recuperado el 11 de marzo de 2019 (http://www.pewforum.org/2013/08/06/living-to-120-and-beyond-americans-views-on-aging-medical-advances-and-radical-life-extension/).

Lugo, Luis, Alan Cooperman, David Masci, Erin O'Connell, y Sandra Stencel. 2013. «Religious Leaders' View on Radical Life Extension». *Pew Research Center*. Recuperado el 11 de marzo de 2019 (http://www.pewforum.org/2013/08/06/religious-leaders-views-on-radical-life-extension/).

Mar, Raymond A., Keith Oatley, Jacob Hirsh, Jennifer de la Paz, y Jordan B. Peterson. 2006. «Bookworms versus nerds: Exposure to fiction versus non-fiction, divergent associations with social ability, and the simulation of fictional social worlds». *Journal of Research in Personality* 40:694–712. Recuperado el 10 de enero de 2019. doi: 10.1016/j.jrp.2005.08.002.

Masci, David. 2016. «Human Enhancement: The Scientific and Ethical Dimensions of Striving for Perfection». *Pew Research Center*. Recuperado el 11 de marzo de 2019 (http://www.pewinternet.org/essay/human-enhancement-the-scientific-and-ethical-dimensions-of-striving-for-perfection/).

Masci, David. 2013. «To Count or Days: The Scientific and Ethical Dimensions of Radical Life Extension». *Pew Research Center*. Recuperado el 11 de marzo de 2019 (http://www.pewforum.org/2013/08/06/to-count-our-days-the-scientific-and-ethical-dimensions-of-radical-life-extension/).

More, Max. y Natasha Vita-More, eds. 2013. *The Transhumanist Reader: Classical and Contemporary Essays on the Science, Technology, and Philosophy of the Human Future*. First Edition. Chichester, West Sussex, UK: Wiley-Blackwell.

National Intelligence Council. 2012. *Global Trends 2030: Alternative Worlds*. National Intelligence Council.

Niccol, Andrew. 1997. *Gattaca*. Columbia Pictures Corporation.

Niccol, Andrew. 2011. *In Time*. Regency Enterprises.

Nietzsche, Friedrich Wilhelm. 1897. *Genealogy of Morals*. Londres, Reino Unido: The Macmillan Company.

Nietzsche, Friedrich Wilhelm. 2003. *Thus Spake Zarathustra: A Book for Everyone and No One*. Reprint. Nueva York: Penguin Books.

Nietzsche, Friedrich Willhelm. 1908. *Human, All to Human: A Book for Free Spirits*. Chicago, Illinois: Charles H. Kerr & Company.

Nietzsche, Friedrich Willhelm. 2017. *Beyond Good and Evil*. Seattle: Amazon Classics.

O'Brien, Ceara. 2014. *The US President's Council of Bioethics*. Recuperado el 11 de marzo de 2019 (https://hpsrepository.asu.edu/handle/10776/7560).

O'Connell, Mark. 2017. *To be a Machine: Adventures Among Cyborgs, Utopians, Hackers, and the Futurists Solving the Modest Problem of Death*. Nueva York: Doubleday.

Parsons, Talcott. 2005. *The Social System*. Print Edition. Londres, Reino Unido: Routledge.

Peterson, Jordan B. 1999. *Maps of Meaning: The Arquitecture of Belief*. Nueva York: Routledge.

Pfister, Wally. 2014. *Trascendence*. Alcon Entertainment.

Platón. 1871. *Obras completas, edición de Patricio de Azcárate, tomo 2*. editado por Patricio de Azcárate. Madrid, España: Medina y Navarro.

PowerfulJRE. 2019. Joe Rogan Experience #1216 - Sir Roger Penrose. *YouTube*. Recuperado el 11 de marzo de 2019 (https://youtu.be/GEw0ePZUMHA).

Puiu, Tibi. 2015. «Your Smartphone is Millions of Times More Powerful that All of NASA's Combined Computing in 1969». *ZME*. Recuperado el 11 de marzo de 2019 (http://www.zmescience.com/research/technology/smartphone-power-compared-to-apollo-432/).

Rainey, Sarah. 2015. «How Binge-Watching Has Changed TV Forever». Recuperado el 14 de enero de 2019 (https://www.telegraph.co.uk/culture/tvandradio/11361212/How-binge-watching-has-changed-TV-forever.html).

Rainie, Lee, Meg Hefferon, Elizabeth Podrebarac Sciupac, y Monica Anderson. 2016. «American Voices on Ways Human Enhancement Could Shape or Future». *Pew Research Center*. Recuperado el 11 de marzo de 2019 (http://www.pewinternet.org/2016/07/26/american-voices-on-ways-human-enhancement-could-shape-our-future/).

Roco, Mihail C. y William Sims Bainbridge. 2003. *Converging Technologies for Improving Human Performance: Nanotechnology, Biotechnology, Information Technology and Cognitive Science*. Dordrecht: Kluwer Academic Publishers. Recuperado el 11 de marzo de 2019 (http://www.wtec.org/ConvergingTechnologies/Report/NBIC_report.pdf).

Sanders, Rupert. 2017. *Ghost in the Shell*. Paramount Pictures.

Scott, Ridley. 1982. *Blade Runner*. The Ladd Company.

Searle, John R. 1980. «Minds, Brains, and Programs». *Behavioral and Brain Sciences* 3(3):417–24. Recuperado el 11 de enero de 2019. doi: 10.1017/S0140525X00005756.

Serle, Jack y Jessica Purkiss. 2017. «Drone Wars: The Full Data». *The Bureau of Investigative Journalism.* Recuperado el 11 de marzo de 2019 (https://www.thebureauinvestigates.com/stories/2017-01-01/drone-wars-the-full-data).

Shyamalan, M. Night. 2000. *Unbreakable.* Touchstone Pictures.

Shyamalan, M. Night. 2016. *Split.* Blinding Edge Pictures.

Shyamalan, M. Night. 2019. *Glass.* Walt Disney Pictures.

Sloterdijk, Peter. 2009. *God's Zeal: The Battle of the Three Monotheisms.* Kindle Edition. Malden: Polity Press.

Sloterdijk, Peter. 2012. *Has de cambiar tu vida: Sobre antropotécnica.* editado por P. Madrigal. Valencia, España: Pre-Textos.

Sloterdijk, Peter. 2006. *Normas para el parque humano.* Madrid, España: Ediciones Siruela.

Sloterdijk, Peter. 2018. *¿Qué sucedió en el siglo XX?* Anzos: Ediciones Siruela.

Smith, Aaron. 2016. *Public Predictions for the Future of Workforce Automation.* Recuperado el 11 de marzo de 2019 (http://www.pewinternet.org/2016/03/10/public-predictions-for-the-future-of-workforce-automation/).

Solon, Olivia. 2016. «All Aboard the Immortality Bus: The Man who Says Tech Will Help Us Live Forever». *The Guardian.* Recuperado el 11 de marzo de 2019 (https://www.theguardian.com/technology/2016/jun/16/transhumanist-party-immortality-zoltan-istvan-presidential-campaign).

Stein, Rob. 2016. «NIH Plans to Lift Ban on Research Funds for Part-Human, Part-Animal Embryos». *NPR.* Recuperado el 11 de marzo de 2019 (https://www.npr.org/sections/health-shots/2016/08/04/488387729/nih-plans-to-lift-ban-on-research-funds-for-part-human-part-animal-embryos?utm_source=twitter.com&utm_campaign=science&utm_medium=social&utm_term=nprnews).

Stolyarov II, Gennady. 2013. *Death is Wrong.* Kindle edition. Rational Argumentator Press.

Stross, Charles. 2005. *Accelerando*, editado por Feedbooks.

Feedbooks. Recuperado el 12 de marzo de 2019 (http://www.feedbooks.com/book/228/accelerando).

Tegmark, Max. 2017. *Life 3.0: Being Human in the Age of Artificial Intelligence.* Nueva York: Alfred A. Knopf.

The Alex Jones Channel. 2015. *Epic Debate Between Christianity and Transhumanism.* YouTube. Recuperado el 11 de marzo de 2019 (https://www.infowars.com/epic-debate-between-christianity-and-transhumanism/).

The Green Papers. 2016. «The Green Papers 2016 General Election Presidential Popular vote and FEC Total Receipt by Party». *The Green Papers 2016 General Election Presidential Popular vote and FEC Total Receipt by Party.* Recuperado (www.thegreenpapers.com/G16/PresidentVoteByParty.phtml).

The President's Council on Bioethics. 2003a. *Being Human: Readings from the President's Council on Bioethics.* Washington, DC.

The President's Council on Bioethics. 2003b. *Beyond Therapy: Biotechnology and the Pursuit of Happiness.* Washington, DC.

The President's Council on Bioethics. 2008a. *Controversies in the Determination of Death: A White Paper by the President's Council on Bioethics.* Washington, DC.

The President's Council on Bioethics. 2002. *Human Cloning and Human Dignity: An Ethical Inquiry.* Washington, DC.

The President's Council on Bioethics. 2008b. *Human Dignity and Bioethics: Essays Commissioned by the President's Council on Bioethics.* Washington, DC.

The President's Council on Bioethics. 2004a. *Monitoring Stem Cell Research.* Washington, DC.

The President's Council on Bioethics. s/f. «PCBE: About the Council». Recuperado el 20 de enero de 2019 (https://bioethicsarchive.georgetown.edu/pcbe/about/).

The President's Council on Bioethics. 2004b. *Reproduction and Responsibility: The Regulation of New Technologies.* Washington, DC.

The President's Council on Bioethics. 2005. *Taking Care:*

Ethical Caregiving in our Aging Society. Washington, DC.

Tolkien, J. R. R. 2009. *Tree and Leaf: Including MYTHOPOEIA.* London: HarperCollins.

Tye, Michael. 2018. «Qualia». en *The Stanford Encyclopedia of Philosophy*, editado por E. N. Zalta. Metaphysics Research Lab, Stanford University. Recuperado el 27 de febrero de 2019 (https://plato.stanford.edu/archives/sum2018/entries/qualia/).

Villeneuve, Denis. 2017. *Blade Runner 2049.* Alcon Entertainment.

Wachowski, Lana y Lilly Wachowski. 1999. *The Matrix.* Warner Bros.

Wittgenstein, Ludwig. 2016. *Tractatus Logico-Philosophicus.* editado por C. K. Ogden. Suecia: Chiron Academic Press.

Zoltan Istvan. 2017a. «Welcome to the Original & Historic Website of the Transhumanist Party». *Zoltan Istvan.* Recuperado (http://www.zoltanistvan.com/TranshumanistParty.html).

Zoltan Istvan. 2017b. «Zoltan Istvan». *Zoltan Istvan.* Recuperado el 11 de marzo de 2019 (http://www.zoltanistvan.com/).

ÍNDICE ONOMÁSTICO

www.ingramcontent.com/pod-product-compliance
Lightning Source LLC
Chambersburg PA
CBHW030309290526
45785CB00001B/282